アクティブ・ラーニングのドイツ語

Kikuko Kashiwagi
Bettina Goesch

i agenda basic

Vorwort　はじめに

　本書『Agenda basic（アゲンダ・ベーシック）アクティブ・ラーニングのドイツ語』は、初めてドイツ語を学ぶ人に修得してほしい基本要素がぎゅっとまとめられた総合教材です。能動的学習法を取り入れながら、日本の学習者が文法を正しく理解し、その知識を実践に応用できるように作られています。しっかりした文法知識とコミュニケーション能力の双方を身につけようという欲張りな意図は、姉妹版の『Agenda 1』と同様です。表現、語彙はヨーロッパ言語共通参照枠（CEFR）の A1 レベルに対応しています。本書は 12 課からなり、各課は次のように構成されています。

シーン Szene

　日常的な場面を題材に、よく使う言い回し、重要な文法事項を学びます。文法項目は、日本語を母語とする人が無理なく修得できるように各 Dialog に段階的に編まれています。実践的な会話文を通じて、ドイツ語圏での生活を追体験することができます。

練習問題 Übungen

　各 Szene には、その内容を体得するための練習問題が続きます。問題には①文法知識を整理するために表を埋める、②キーセンテンスを使って周りの人と会話練習する、③聞き取り、④語彙と文法を確認するために文を完成させる、あるいは文を書く、といった形式があり、Szene で扱った内容の地盤固めと応用への道が開かれます。

文法 Grammatik

　各課の文法事項を、見開きニページで詳しく解説しています。基本を確認したいとき、課題を解きながら疑問が出てきたとき、授業の復習をしているとき、このページを開いてみてください。文法修得には確認作業が大切ですので、自習にも役立つはずです。

巻末ワークブック（Arbeitsbuch）

　本書巻末には Alles klar? と題した各課 1 枚（両面）の練習問題があります。冒頭には学習事項がどれだけ習得できたか個人的にチェックできる「ポートフォリオ」がついています。Alles klar? は「わかった？」の意味。「はい！」（Ja!）で答えられるように、各自課題に取り組みましょう。各課切り取って提出することもできます。

　目に優しい装丁とデザイン、魅力的なイラストは、みなさんが本書を手に取る機会を増やしてくれることでしょう。私たちは、本書で皆さんがドイツ語を楽しく学び、上達されること、本書が皆さんのドイツ語学習にとっての基本のアゲンダになることを心より願っています。

柏木貴久子　Bettina Goesch

INHALT

ドイツ語圏の世界遺産

ライン川

レジデンツ（ヴュルツブルク）

聖ペーター・パウル教会
（ライヒェナウ島）

シェーンブルン宮殿（ウィーン）

ゼメリング鉄道（オーストリア）

ハルシュタット（オーストリア）

巻末ワークブック **Alles klar?**

ケルン大聖堂

ヴィース教会

ザンクト・ガレン修道院（スイス）

ベルン（スイス）

Lektion 0

この課で習うこと → ドイツ語で挨拶する

Begrüßung

1 | Guten Morgen! | Guten Tag! | Guten Abend! | Gute Nacht! | 🎧 01

音声を聞き、それぞれの写真に合った挨拶を書き入れてみましょう。Hören Sie und schreiben Sie.

···· 4.00 ····   12.00 ····   18.00 ····

2 挙げられた単語を使って、聞こえた挨拶を書き入れましょう。Hören Sie und schreiben Sie. 🎧 02

Auf Wiedersehen. / Danke. / Danke schön. / Guten Tag. / Hallo. / Tschüs.

1)

2)

3)

Landkarte ドイツ語を話す国々 Deutschsprachige Länder

Länderinformation

	ドイツ	オーストリア	スイス
ドイツ語名	Deutschland	Österreich	Schweiz
公式名	Bundesrepublik Deutschland	Republik Österreich	Schweizerische Eidgenossenschaft (Confoederatio Helvetica)
首都	Berlin	Wien	Bern
言語	Deutsch	Deutsch	Deutsch, Französisch, Italienisch, Rätoromanisch
通貨	Euro (EUR)	Euro (EUR)	Schweizer Franken (CHF)

Moin moin!

Hamburg

Berlin

Köln

Deutschland

Guten Tag!

Frankfurt

München

Wien

Grüezi!

Bern

Grüß Gott!

Servus!

Schweiz

Österreich

Liechtenstein

Lektion 1

この課で習うこと

人と知り合う（ich と Sie）
動詞 sein と規則動詞の変化　動詞の位置　疑問文
発音の規則とアルファベート

SZENE 1

Dialog 1　ビジネスシーン
Geschäftsszene　🎧 03

A　Guten Tag. Ich heiße Susanne Braun.
B　Guten Tag, Frau Braun. Ich bin Klaus Schneider.
A　Sehr angenehm, Herr Schneider.

Dialog 2　ビジネスシーン
Geschäftsszene　🎧 04

C　Guten Tag, mein Name ist Johannes Koch.
D　Ah, Sie sind Herr Koch. Guten Tag. Ich heiße Emma Zeller.
C　Wie bitte? Wie heißen Sie?
D　Zeller, Emma Zeller.
C　Angenehm, Frau Zeller.

Übung 1a　周りの人と会話してみましょう。Fragen Sie und antworten Sie.

○ Ich heiße .... Wie heißen Sie?

● Ich heiße ....

Übung 1b　下線部を補いましょう。Ergänzen Sie.

1) ○ Guten Tag, ich _____ Leo Fischer. Wie _____ Sie?（heißen）

   ● Guten Tag, ich _____ Lena Bergheim.（heißen）

   ○ Sehr angenehm, Frau Bergheim.

2) ○ Guten Tag, mein Name _____ Lukas Zimmermann.（sein）

   ● Ah, Sie _____ Herr Zimmermann. Guten Tag, ich _____ Mia Klein.（sein）

3) ○ Guten Tag, ich _____ Johannes Koch.（heißen）

   ● Guten Tag, Herr Koch. Mein Name _____ Klaus Schneider.（sein）Angenehm.

SZENE 2

Dialog 3 大会議場で
Auf dem Kongress 🎧 05

A Woher kommen Sie?
  Aus Deutschland?
B Nein, ich komme aus Österreich, aus
  Wien.
A Ach, Wien ist schön!
B Ja, sehr schön. Und Sie? Woher sind
  Sie?
A Ich komme aus der Schweiz, aus Zürich.

Dialog 4 飛行機内で
Im Flugzeug 🎧 06

C Wo wohnen Sie?
D Ich wohne in der Schweiz, in Genf. Und
  Sie?
C Jetzt wohne ich in Deutschland.
D Wo in Deutschland?
C In Stuttgart.

Übung 2a 周りの人と会話してみましょう。Fragen Sie und antworten Sie.

○ Woher kommen Sie?　　●Ich komme aus ......

○ Wo wohnen Sie?　　　 ●Ich wohne in ......

Übung 2b 都市名をよく聞いて、発音練習しましょう（母音、特殊文字、r と特別な子音 🎧 07
の発音）。Hören Sie und sprechen Sie nach.

1) **Augsburg**

2) **Eu**tin

3) **Mei**ßen

4) Immen**stadt** im All**gäu**

5) **Ki**el

6) **Sch**wäbisch Hall

7) **Gö**ttingen

8) **Mün**ch**en**

9) Bern

10) Frankfurt

発音の規則 Aussspracheregeln

au [au]	eu [ɔy]	äu [ɔy]	ei [ai]　　ie [iː]
ä [ɛː/ɛ]	ö [ø/œ]	ü [yː/y]	r [ɐ] [ɐ]
特別な子音　ch [ç]	dt [t]	sch [ʃ]	st [ʃt]

Übung 2c 疑問詞を補いましょう。Ergänzen Sie die Fragewörter.

1) _____ kommen Sie?　　2) _____ wohnen Sie?　　3) _____ heißen Sie?

Dialog 5 大会議の後のパーティにて 🎧 08
Auf einem Kongressempfang

A Guten Abend. Kommen Sie aus Italien?
B Nein, ich komme aus Spanien.
A Ach so. Wohnen Sie in Madrid?
B Nein, ich wohne nicht in Madrid. Ich wohne in Barcelona.
A Ah ja.

Dialog 6 飛行機内で 🎧 09
Im Flugzeug

C Wohnen Sie in Japan?
D Ja, ich wohne in Kobe.
C Kommen Sie aus Deutschland?
D Nein, ich komme aus Österreich.
C Schön!

Übung 3a 挙げられた語を使って、各自で架空の「私」を作ってみましょう。そして 1)、2) の例にならって隣の人と対話しましょう。Ergänzen Sie und sprechen Sie.

Ich komme aus Frankreich / Deutschland / Österreich / der Schweiz / der Türkei / England .

Ich wohne in Paris / Berlin / Wien / Bern / Ankara / London .

Ich komme aus _____ . Ich wohne in _____ .

1) 上で作った「私」について、お互いに質問しましょう。出身国があたるまで質問を続けましょう。

Beispiel ○ Kommen Sie aus Frankreich?   ● Nein, ich komme nicht aus Frankreich.
(.....)
○ Kommen Sie aus der Schweiz?   ● Ja, ich komme aus der Schweiz.

2) 同じように住んでいる都市についても質問しましょう。
○ Wohnen Sie in London?   ● ....

Übung 3b 挙げられた単語を使って質問文を作りましょう。またその質問に答えましょう。
Schreiben Sie die Fragen und antworten Sie.

1) aus / Sie / kommen / Japan / ?
○ _____ ? ● _____ .

2) wohnen / in / Osaka / Sie / ?
○ _____ ? ● _____ .

3) Sie / aus / kommen / Deutschland / ?
○ _____ ? ● _____ .

4) Berlin / in / wohnen / Sie / ?
○ _____ ? ● _____ .

ドイツ語のアルファベット　Das Alphabet

🎧 10

Hören Sie und sprechen Sie nach.

A a	B b	C c	D d	E e	F f	G g	H h	I i	J j	K k	L l	M m	N n
[a:]	[be:]	[tse:]	[de:]	[e:]	[ɛf]	[ge:]	[ha:]	[i:]	[jɔt]	[ka:]	[ɛl]	[ɛm]	[ɛn]

O o	P p	Q q	R r	S s	T t	U u	V v	W w	X x	Y y		Z z	
[o:]	[pe:]	[ku:]	[ɛr]	[ɛs]	[te:]	[u:]	[faʊ]	[ve:]	[iks]	[ypsilɔn]		[tsɛt]	

Ä ä	Ö ö	Ü ü	ß	
[ɛ:]	[ø:]	[y:]	[ɛstsɛt]	

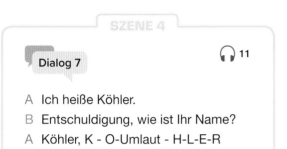

SZENE 4

💬 Dialog 7　🎧 11

A　Ich heiße Köhler.
B　Entschuldigung, wie ist Ihr Name?
A　Köhler, K - O-Umlaut - H-L-E-R

Übung 4　Dialog 7 にならって周りの人と練習しましょう。相手の名前のつづりを書いてください。
Fragen Sie und notieren Sie den Namen Ihres Partners / Ihrer Partnerin.

　声のトーンに注意しながら、4つの挨拶を聞き取り、問いと答えを以下から
選び、書き入れましょう。Hören Sie und orden Sie zu.　🎧 12

○ (Frage)　　Wie geht es Ihnen? / Wie geht's?
● (Antwort)　Na ja, es geht. / Gut, danke! / Danke, sehr gut. / Nicht so gut.

1)

☺ ☺

2)

☺

3)

☺

4)

☹

Grammatik

動詞の位置と文の作り方 Verbposition und Satzbau

1 動詞の変化 Verbkonjugation

　動詞のもとの形を不定形といいます。動詞の不定詞（Verb-Infinitiv）は語幹と語尾で構成され、たいてい –en で終わります。wandern（ハイキングをする）など –n で終わるものも少しあります。

$$
\begin{array}{cc}
\text{kommen} & \text{komm + en} \\
\text{語幹 語尾} & \uparrow
\end{array}
$$

語尾は主語によって変化します

■この課で出てきた変化

英語	ドイツ語	動詞の語尾	**wohnen**	**kommen**	**heißen**	**gehen**	**sein**
I	ich	-e	wohne	komme	heiße	gehe	bin
you	Sie	-en	wohnen	kommen	heißen	gehen	sind
he, she, it	er, sie, es	-t	wohnt	kommt	heißt	geht	ist

英語の *be* 動詞にあたる動詞 sein は不規則な変化をします。

2 疑問詞 Fragewörter

　この課では、W で始まる疑問詞を使う、次のような疑問文（W-Frage）を習いました。

1) wie　どのように（*how*）
   - ▶ Wie heißen Sie? お名前は？　　Ich heiße Mia Klein. ミア・クラインといいます。
   - ▶ Wie geht es Ihnen? ご機嫌いかがですか？（調子はいかが？　直訳すると：あなたにおかれては（Ihnen）、物事（es）は、どのように（wie）、進んでいますか（geht）？）

   Danke, es geht mir gut.（= Danke, gut.）ありがとう、私においては調子よいです。
   Danke, es geht mir sehr gut.（= Danke, sehr gut.）　　〃　とてもよいです。
   Danke, es geht mir nicht so gut.（= Danke, nicht so gut.）〃　あまりよくありません。
   Danke, es geht mir nicht gut.（= Danke, nicht gut.）　　〃　よくありません。
   Danke, es geht.　ありがとう、まあまあです。
   ＊ Danke は相手の気遣い（調子を聞いてくれたこと）に対するお礼です。

   Und wie geht es Ihnen?（= Und Ihnen?）　そしてあなたにおかれてはご機嫌いかが？
   ＊自分が答えたら、相手にも調子がどうかをたずねます。

2) woher　どこから（*where ... from*）
   - ▶ Woher kommen Sie　どちらの出身ですか？
     - Ich komme aus Deutschland.　ドイツからです。
     - Ich komme aus Österreich.　オーストリアからです。
     - Ich komme aus der Schweiz.　スイスからです。

3) wo　どこに（*where*）

▶ Wo wohnen Sie?　どこに住んでいますか？

　　　　　　　　Ich wohne in Deutschland.　ドイツに住んでいます。
　　　　　　　　Ich wohne in Österreich.　　オーストリアに住んでいます。
　　　　　　　　Ich wohne in der Schweiz.　スイスに住んでいます。

③ 動詞の位置　Verbposition

　主語に合わせて語尾変化させた動詞を定動詞（finites Verb）といいます。つまり**定**まった形に整えた**動詞**ということです。

　そしてこの定動詞は決まった位置にきます。

<table>
<tr><td></td><td colspan="3">finites Verb</td><td></td></tr>
<tr><td>平叙文</td><td>Mein Name</td><td>ist</td><td>Müller.</td><td>私の名前はミュラーです。（名前）</td></tr>
<tr><td></td><td>Ich</td><td>komme</td><td>aus Japan.</td><td>私は日本から来ています。（出身）</td></tr>
<tr><td></td><td>Ich</td><td>komme</td><td>nicht aus China.</td><td>私は中国から来たのではありません。</td></tr>
<tr><td></td><td>Ich</td><td>wohne</td><td>in Berlin.</td><td>私はベルリンに住んでいます。</td></tr>
<tr><td>疑問詞を使った
疑問文</td><td>Woher</td><td>kommen</td><td>Sie?</td><td></td></tr>
<tr><td>はい / いいえで答える
疑問文（Ja/Nein-Frage）</td><td></td><td>Kommen</td><td>Sie aus Deutschland?</td><td></td></tr>
<tr><td></td><td>Ja, ich</td><td>komme</td><td>aus Deutschland.</td><td>はい、ドイツの出身です。</td></tr>
<tr><td></td><td>Nein, ich</td><td>komme</td><td>nicht aus Deutschland.</td><td>いいえ、ドイツの出身ではありません。</td></tr>
<tr><td></td><td>Nein, ich</td><td>komme</td><td>aus Österrreich.</td><td>いいえ、オーストリアの出身です。</td></tr>
</table>

　英語では *do* や *does* を用いて疑問文を作りましたが、ドイツ語では動詞の位置を変えて疑問文を作ります。その際、動詞は主語に合わせて変化させます。

　Where do you live?　　　　　Wo wohnen Sie?

　　　　　Sie のときの動詞の語尾変化は「–en」、すなわち wohnen です。

　また、はい Ja / いいえ Nein で答える疑問文に対して、英語では *do* や *does* を代動詞として用いて答えますが、ドイツ語では代わりの動詞を使わず、動詞を繰り返して用います。つまり、反復を厭わないのです。

　Do you live in Berlin?　　Wohnen Sie in Berlin?
　Yes, I do.　　　　　　　　Ja, ich wohne in Berlin.
　No, I don't.　　　　　　　Nein, ich wohne nicht in Berlin.

Lektion 2

この課で習うこと →

人と知り合う（du の使い方）
人を紹介する（三人称単数）
不規則変化動詞 sprechen　100 までの数字

SZENE 1

Dialog 1　大学にて
In der Uni 🎧 13

A　Hallo! Wie geht's?
B　Hallo! Sehr gut, danke. Und dir?
A　Es geht mir auch gut.

Dialog 2　大学にて
In der Uni 🎧 14

C　Hallo, wie geht es dir?
D　Hallo, gut. Und dir?
C　Danke, nicht so gut. Ich bin müde.

Übung 1a　周りの友人に挨拶しましょう。Fragen Sie Ihre Kommilitonen und antworten Sie.

○ Wie geht's dir? / Wie geht es dir?

● Danke, ………

Übung 1b　人称代名詞を補いましょう。Ergänzen Sie Personalpronomen.

1) ○ Martin, wie geht es _____ ?　　● Es geht _____ gut, danke.

2) ○ Bist du müde ?　　● Ja, _____ bin hundemüde.

SZENE 2

Dialog 3　ケルン大学のカフェテリアにて
In der Cafeteria der Universität Köln 🎧 15

Daisuke = D　　Johanna = J

D　Ist hier frei?

J　Ja, bitte.

D　Ich bin Daisuke. Hallo. Wie heißt du?

J　Hallo, ich heiße Johanna. Woher kommst du, Da...?

D　Daisuke. Ich komme aus Japan.

J　Was studierst du hier?

D　Ich studiere Germanistik. Und du, Johanna?

J　Ich studiere Jura. Wohnst du auch in Neustadt?

D　Nein, ich wohne in Ehrenfeld.

学科・専修名 Studienfächer			🎧 16
Anglistik 英語・英文学	Germanistik 独語・独文学	Japanologie 日本学	
Geschichte 歴史	Musik 音楽　Kunst 芸術	Pädagogik 教育学	Soziologie 社会学
Jura 法学	Politik 政治　BWL (Betriebswirtschaftslehre) 経営学		
Wirtschaft 経済学	Informatik 情報学	Psychologie 心理学	Medizin 医学
Pharmazie 薬学	Landwirtschaft 農学	Biologie 生物学	Chemie 化学
Mathematik 数学	Physik 物理	Maschinenbau 機械工学	Architektur 建築

Übung 2a 　会話を聞いて、下線部を埋めましょう。Hören Sie und ergänzen Sie. 　🎧 17

Felix : Ich studiere _____ .

Erkan: Ich studiere _____ .

Heidi : Ich studiere _____ .

Übung 2b 　周りの人と対話しましょう。アルファベット順に学科名を答えていきましょう。
Machen Sie Interviews wie im Beispiel.

○ Was studierst du ?

● Ich studiere Anglistik. Was studierst du?

○ Ich studiere A...

A̶ A B B C G G I J J K L M M M M P P P P S W

Übung 2c 　動詞を変化させましょう。Konjugieren Sie die Verben.

1）Ich _____ Germanistik. Was _____ du?（studieren）

2）Ich _____ Student. _____ du auch Student?（sein）

3）Ich _____ in Neustadt. Wo _____ du?（wohnen）

4）Woher _____ du? _____ du aus der Schweiz?（kommen）

5）Ich _____ Heidi. Wie _____ du?（heißen）

Dialog 4 会社にて
In der Firma 🎧 18

Herr Lange（Chef）= L　Herr Moser = M
Frau Heinemann = H

L Herr Moser! Kommen Sie bitte mal!
　Frau Heinemann, das ist Herr Moser.
　Herr Moser, das ist Frau Heinemann.
M Guten Tag, angenehm.
H Angenehm.
L Frau Heinemann kommt aus Interlaken.
　Sie spricht sehr gut Französisch und
　Italienisch.
M Schön. Ich spreche auch Französisch,
　und ich lerne jetzt Chinesisch.

Dialog 5 ケルン大学にて
In der Universität Köln 🎧 19

Daisuke = D　Johanna = J　Felix = F

J Du, Daisuke, du sprichst aber gut
　Deutsch. Sprichst du auch Englisch?
D Ja, natürlich.
J Hallo, Felix! Das ist Daisuke. Daisuke,
　das ist Felix.
D Hallo.
F Hallo.
J Felix spricht etwas Japanisch. Er studiert
　Japanologie. Und er wohnt auch in
　Ehrenfeld.
D Prima.

国と言語名

| Englisch | Französisch | Italienisch | Spanisch | Finnisch | Türkisch | Japanisch | Chinesisch |

Übung 3a　何語を話しますか？　隣の人に質問し、挙げられた国旗に従って答えましょう。

○ Welche Sprachen sprichst du?　● Ich spreche ...

1) 　　2)   　　3)

4)

Übung 3b　du を使った質問文を作り、周りの人にインタビューしましょう。答えをメモして、その人
を紹介する文を作りましょう。またそれを発表してみましょう。Schreiben Sie die Fragen
mit du und notieren Sie die Antworten. Berichten Sie dann über Ihren Partner / Ihre Partnerin.

	質問文 Frage	答え Antwort
W＿ / kommen?	W＿ ...	
W＿ / wohnen?		
Was / studieren?		
Welche Sprachen / sprechen?		

1) ○ Woher _____ Daisuke?   ● Er _____ aus Japan.

2) ○ Wo _____ Johanna?   ● Sie _____ in Köln.

3) ○ Was _____ Johanna?   ● Sie _____ Jura.

4) ○ Sp_____ Sie Deutsch?   ● Ja, ich _____ Deutsch.

5) ○ Sp_____ du gut Englisch?   ● Ja, ich _____ gut Englisch.

6) ○ Sp_____ Felix Japanisch?   ● Ja, er _____ etwas Japanisch.

---

0 から 100 までの数字 Zahlen 0 bis 100   🎧 20
数字を聞いて発音しましょう。Hören Sie und sprechen Sie nach.

0 null	10 **zehn**	20 **zwanzig**	30 **dreißig**
1 eins	11 elf	21 einund**zwanzig**	40 **vierzig**
2 zwei	12 zwölf	22 zweiund**zwanzig**	50 **fünfzig**
3 drei	13 drei**zehn**	23 dreiund**zwanzig**	60 **sechzig**
4 vier	14 vier**zehn**	24 vierund**zwanzig**	70 **siebzig**
5 fünf	15 fünf**zehn**	25 fünfund**zwanzig**	80 **achtzig**
6 sechs	16 sech**zehn**	26 sechsund**zwanzig**	90 **neunzig**
7 sieben	17 sieb**zehn**	27 siebenund**zwanzig**	100 **hundert**
8 acht	18 acht**zehn**	28 achtund**zwanzig**	
9 neun	19 neun**zehn**	29 neunund**zwanzig**	

Zahlenübung **a** 電話番号を聞き取りましょう。   🎧 21
Hören Sie und notieren Sie die Handynummern und die Telefonnummer.

1) Handynummer: _____

2) Handynummer: _____

3) Telefonnummer: _____

Zahlenübung **b** 与えられた数字を使って隣の人に年齢を尋ねましょう、またその数字を逆にして、年齢を言ってみましょう。Fragen Sie Ihren Partner / Ihre Partnerin nach dem Alter und antworten Sie, in dem Sie die Ziffer vertauschen.

Beispiel **17** ○ Wie alt bist du?   ● Ich bin 17. Und du?   ○ Ich bin 71.
1) 16   2) 45   3) 63   4) 19

Sie でも練習しましょう。
○ Wie alt sind Sie?   ● Ich bin 17. Und Sie?   ○ Ich ………
5) 72   6) 84   7) 39   8) 58

Grammatik

動 詞 の 現 在 人 称 変 化（1） Verbkonjugationen Präsens

1 Sie と du

▶ ドイツ語の二人称には１課で習った Sie の他に、家族、友人の間で使われる du があります。教科書などでは違いをわかりやすくするために便宜的に、Sie を「あなた」、du を「君」と訳します。

Sie（敬称）　動詞の語尾 -en　　　Wo wohnen Sie?

du（親称）　動詞の語尾 -st　　　Wo wohnst du?

なお Sie で話す関係においては氏（Familienname / Nachname）、du では名（Vorname）で呼び合うのが一般的です。

▶ 人称代名詞も変化します。挨拶表現では Sie → Ihnen, du → dir と変わります。

○ Wie geht es Ihnen, Herr Hartmann?　　あなたにおかれては (Ihnen) 調子はいかが？

○ Wie geht es dir,　　Max?　　　君においては (dir) 調子はどう？

● Danke, gut. (= Danke, es geht mir gut.)　私においては (mir) 調子はよい (gut) です。

あなた／君のどちらで質問されても「私」についての答え方は同じですが、相手に聞き返す時、

敬称の Sie で話している相手には　Und Ihnen? (= Und wie geht es Ihnen?)

親称の du で話している相手には　Und dir? (= Und wie geht es dir?)

なお、カッコ内は省略しない言い方です。

所有冠詞も異なっています。

○ Wie ist Ihre　Telefonnummer?　あなたの電話番号は？

○ Wie ist deine Telefonnummer?　君の電話番号は？

● Meine Telefonnummer ist … .　私の電話番号は〜。 → あなた／君のどちらで質問されても答えは同じです

2 不規則変化動詞（強変化動詞） Unregelmäßige Verben (Starke Verben)

sein の他にも不規則な変化をする動詞があります。現在人称変化において語幹の母音に変化が表れる動詞には注意しましょう。ただしこのような不規則な変化が表れるのは du と三人称単数（er, sie, es）のときのみです。

sprechen (sprech 語幹 + en 語尾) → du sprichst, er spricht　　e → i

○ Sprichst du Deutsch, Daisuke?　君はドイツ語を話しますか、ダイスケ？

● Ja, ich spreche Deutsch.

ダイスケは「はい、ドイツ語を話します」と答えているので、Er (Daisuke) spricht Deutsch.

■動詞の変化

英語	ドイツ語	動詞の語尾	wohnen	heißen	**sprechen**	**sein**
I	ich	-e	wohne	heiße	spreche	**bin**
you	Sie	-en	wohnen	heißen	sprechen	**sind**
you	du	-st	wohnst	heißt	**sprichst**	**bist**
he, she, it	er, sie, es	-t	wohnt	heißt	**spricht**	**ist**

　なお ß は ss を表すので heißen（heiß 語幹＋en 語尾）は du の変化のとき s の重複を避け
heiß ＋ st → (heißst) → heißt となります。

③ studieren と lernen

▶ ドイツ語の studieren は英語の *study* より意味が限定的です。
　　○ Was studierst du?　　何を大学で専攻しているの？
　　● Ich studiere Philosophie.　哲学を専攻しています。

　Ich studiere だけで、大学に通っている、大学生だということを意味することができ、目的語な
しでも使うことができます。
　　Ich studiere in Wien.　　ウィーンの大学に通っています。

▶ lernen は一般的な「勉強する」を意味します。言語などを「学ぶ」という際に使うのはこちらです。
　　○ Welche Sprachen lernst du?　どんな言語を習っているの？
　　● Ich lerne Englisch und Deutsch.
　　Daisuke studiert Germanistik und er lernt konzentriert Deutsch.
　　ダイスケは独語・独文学を専攻しており、集中してドイツ語を学んでいます。

　なお、専攻に関する勉強、試験のための勉強をする時にも lernen を使います。
　　Heute lernt Daisuke zu Hause.　今日ダイスケは家で勉強している。

Vokabular 語彙 ── 国と言語名

England	*Frankreich*	*Italien*	*Spanien*	*Finnland*	*Türkei*	*Japan*	*China*
Englisch	Französisch	Italienisch	Spanisch	Finnisch	Türkisch	Japanisch	Chinesisch

Lektion 3

この課で習うこと

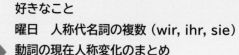

好きなこと
曜日　人称代名詞の複数（wir, ihr, sie）
動詞の現在人称変化のまとめ

SZENE 1

イラストを見てください。それぞれの自己紹介を聞いて、当てはまるものに印をつけましょう。 🎧 22
Sehen Sie die Bilder an. Hören Sie und markieren Sie.

1)
Leo Fischer

☐ Ich höre gern Musik.　☐ Ich schwimme gern.　☐ Ich fahre gern Auto.　☐ Ich spiele gern Fußball.

2)
Iris Kiesewetter

☐ Ich spiele gern Klavier.　☐ Ich fahre gern Ski.　☐ Ich gehe gern wandern.　☐ Ich gehe gern einkaufen.

3)
Max Hartmann

☐ Ich koche gern.　☐ Ich arbeite gern.　☐ Ich tanze gern.　☐ Ich gehe gern spazieren.

Übung 1a　好きなことは何ですか？ 挙げられた動詞を使って、答えましょう。Ergänzen Sie.

○ Was machen Sie gern?

(kochen)　　　　　● Ich _____ gern.

(backen)　　　　　● Ich _____ gern.

(Tennis spielen)　● Ich _____ gern _____.

(spazieren gehen)● Ich _____ gern _____.

Übung 1b　好きで<u>ない</u>ことは何ですか？ 挙げられた動詞を使って、答えましょう。Ergänzen Sie.

○ Was machen Sie nicht gern?

(tanzen)　　　　　● Ich _____ nicht gern.

(laufen*)　　　　 ● Ich _____ nicht gern.

(fotografieren)　 ● Ich _____ nicht gern.

(Rad fahren)　　 ● Ich _____ nicht gern _____.

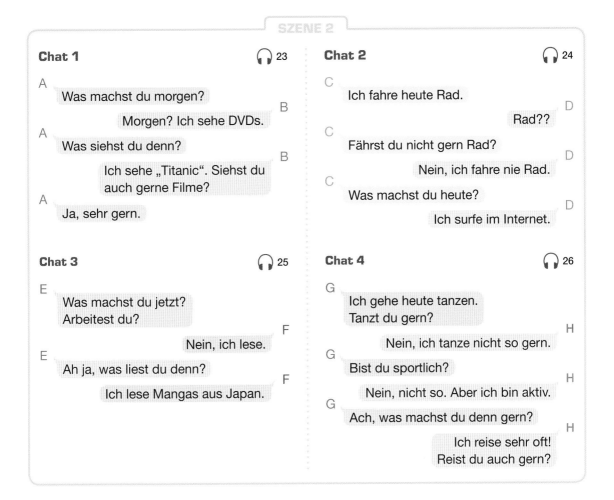

Chat 1 🎧 23

A Was machst du morgen?

B Morgen? Ich sehe DVDs.

A Was siehst du denn?

B Ich sehe „Titanic". Siehst du auch gerne Filme?

A Ja, sehr gern.

Chat 2 🎧 24

C Ich fahre heute Rad.

D Rad??

C Fährst du nicht gern Rad?

D Nein, ich fahre nie Rad.

C Was machst du heute?

D Ich surfe im Internet.

Chat 3 🎧 25

E Was machst du jetzt? Arbeitest du?

F Nein, ich lese.

E Ah ja, was liest du denn?

F Ich lese Mangas aus Japan.

Chat 4 🎧 26

G Ich gehe heute tanzen. Tanzt du gern?

H Nein, ich tanze nicht so gern.

G Bist du sportlich?

H Nein, nicht so. Aber ich bin aktiv.

G Ach, was machst du denn gern?

H Ich reise sehr oft! Reist du auch gern?

Übung 2a

1) **Chat 1 ～ 3** を読み、動詞の変化表を埋めましょう。Ergänzen Sie.

	fahren*	**lesen***	**sehen***
ich			
du			
er, sie, es			

2) **Chat 3 ～ 4** を読み、動詞の変化表を埋めましょう。Ergänzen Sie.

	arbeiten	**reisen**	**tanzen**	復習 **heißen**
ich				heiße
du				heißt
er, sie, es	arbeitet	reist	tanzt	heißt

▶ 語幹が -d, -t で終わる動詞では、発音しやすくするため語調を整える e を加えます。arbeit|en: arbeitst → arbeitest, arbeitt → arbeitet

▶ 語幹が -s, -ss, -ß, tz, z で終わる動詞は、du の語尾変化が |st でなく |t に簡略化されます。heiß|en: heißst → heißt

Übung 2b 挙げられた語と gern を使って、du に対する質問文を作りましょう。答えの文には gern や nicht gern を使うこと。Schreiben Sie die Fragen mit „gern" und Antworten mit „gern" oder „nicht gern".

1) Rad fahren* ○ _____ ? ● Ja, _____ .

2) reisen ○ _____ ? ● Ja, _____ .

3) Filme sehen* ○ _____ ? ● Ja, _____ .

4) Mangas lesen* ○ _____ ? ● Nein, _____ .

5) tanzen ○ _____ ? ● Nein, _____ .

Übung 2c パーティでの会話を聞いて、問題に答えましょう。Hören Sie und ergänzen Sie. 🎧 27

1) ○ Was macht Alina gern?

　● Sie _____ gern Jazz und _____ gern Klavier. Sie _____ gern.

2) ○ Was hört Felix gern? ● Er _____ gern _____ .

3) ○ Liest Felix gern? ● _____ , er _____ gern Mangas aus Japan.

4) ○ Macht Felix auch Sport? Was macht er gern?

　● Er _____ gern Kendo und _____ gern Fußball. Er _____

　_____ Rad und _____ .

SZENE 3

Dialog 通りにて
Auf der Straße 🎧 28

Lena = L　Max = M

L　Hallo, Max!

M　Tag, Lena!

L　Na, Mickie. Geht ihr spazieren?

M　Ja, wir sind heute aktiv. Und was machst du?

L　Ich treffe Steffi und Susanne. Sie sind gerade in Friedrichsfeld und spielen Tennis.

　　　　　　(RingRing Klingeling...)

L　Hi, spielt ihr noch Tennis? ... Nein? ... Ah ja? Wo seid ihr? ... OK, Bis gleich!

M　Also, du triffst jetzt Steffi und Susanne. Dann viel Spaß!

L　Danke, also tschüs!

M　Tschüs! So, Mickie, gehen wir?

動詞を補いましょう。Ergänzen Sie.

1) Max und Mickie _____ spazieren. Sie _____ heute aktiv.

2) Lena trifft Max und Mickie.

   Lena: Was _____ ihr?   Max: Wir _____ spazieren.

3) Steffi und Susanne _____ Tennis. Sie _____ dann Lena.

4) Lena und Steffi telefonieren.

   Lena: _____ ihr noch Tennis? Wo _____ ihr?

   Steffi: Wir sind gleich da. Bis gleich!

Übung **3b** 「一緒に〜しませんか？」〜 wir zusammen ...? という表現を練習します。挙げられた語を使って、周りの人を何かに誘ってみましょう。また、誘いを受けたり、断ったりしましょう。Sprechen Sie Dialoge wie im Beispiel.

1) spazieren gehen   2) Tennis spielen   3) Judo machen   4) kochen
5) Filme sehen   6) einkaufen gehen

> **Beispiel** spazieren gehen
>
> ○ Gehen wir zusammen spazieren?
>
> ● Ja, gern. Gute Idee! / Tut mir leid. Das geht leider nicht.

---- 曜日 **Wochentage**

| Montag | Dienstag | Mittwoch | Donnerstag | Freitag | Samstag | Sonntag |
| 月曜日 | 火曜日 | 水曜日 | 木曜日 | 金曜日 | 土曜日 | 日曜日 |

Übung **4a** 上のイラストを見て、例にならい作文しましょう。Schreiben Sie die Sätze.

> **Beispiel** Am Montag lerne ich Deutsch.

Übung **4b** Übung **4a** で作った文章が答えとなるように周りの人に質問してみましょう。
Fragen Sie und antworten Sie.

> **Beispiel** ○ Was machst du am Montag?   ● Am Montag lerne ich Deutsch.

Grammatik

1 人称代名詞と動詞の変化

1）規則変化と不規則変化 *

英語	ドイツ語	動詞の語尾	**wohnen**	**fahren***	**lesen***	**sehen***
I	ich	-e	wohne	fahre	lese	sehe
you	du	-st	wohnst	fährst	liest	siehst
he, she, it	er, sie, es	-t	wohnt	fährt	liest	sieht
we	wir	-en	wohnen	fahren	lesen	sehen
you	ihr	-t	wohnt	fahrt	lest	seht
they	sie	-en	wohnen	fahren	lesen	sehen
you	Sie	-en	wohnen	fahren	lesen	sehen

この課ですべての人称代名詞が出そろいました。次の点に気をつけましょう。

▶ 2課で習ったように、ドイツ語の二人称には親称 du と敬称 Sie がありま
す。親称 du（単数）/ ihr（複数）ihr は du の複数形です。du で話す関係
の相手複数に対して使います。
　敬称 Sie は単数・複数とも同じ形です。

▶ ドイツ語の人称代名詞には綴りが重複する sie（彼女は）、sie（彼
らは）、敬称 Sie（あなたは、あなた方は）があります。これらは
動詞の変化、大文字か小文字か、文脈によって区別されます。

▶ 不規則変化動詞の現在人称変化において、不規則な変化が表れるのは du と三人称単数のみです（16
頁参照）。語幹の変化は e → i 型（sprechen, treffen）の他に、e → ie 型（lesen, sehen）、a → ä
型（fahren）もあります。

2）sein 動詞の現在人称変化

ich	bin
du	bist
er, sie, es	ist
wir	sind
ihr	seid
sie	sind
Sie	sind

英語の *be* 動詞にあたる sein 動詞は変化がとても不規則です。

2 定動詞第2位の法則　Inversion

　ドイツ語では主語以外の強調したい語から文章を始めることができます。その場合、定動詞が必ず
2番目に置かれるという大原則があります。

```
                  Position 2
                  finites Verb
       Ich    lerne      am Montag Deutsch.
  Am Montag    lerne      ich Deutsch.
    Deutsch    lerne      ich am Montag.
```

ただし Ja / Nein 疑問文では定動詞が文頭となります。

Lernst du am Montag Deutsch?　君は月曜日にドイツを習うの？

疑問詞疑問文では定動詞第二位の法則が適用されます（10 ～ 11 頁参照）。

③　好きなことについての表現

動詞 machen は英語の *make* と関連する動詞ですが、その用法はむしろ *do* に似ているところがあります。

○ **Was machen Sie gern?**　　*What do you like to do?*

答えはさまざま ● **Ich schwimme gern.**　　*I like to swim.*

　　　　　　　● **Ich spiele gern Fußball.**　　*I like to play football.*

なお、gern は「好んで」を意味する副詞です。行うことに gern を加えると、それをするのが好きだという意味になります。

Ich koche.　　私は料理する

Ich koche gern.　　私は好んで料理をする。→ 自然な日本語だと「私は料理が好きだ」

④　現在形の重要性

ドイツ語では未来のこと、現在進行中のことも現在形で表します。

○ **Was machst du morgen?**　明日は何するの？　→ 明日という未来について聞いていますが、現在形を使います

● **Morgen spiele ich Tennis.**　明日はテニスをします。

○ **Was machst du jetzt?**　今、何しているの？　→ 英語の ～ ing 形にあたる現在進行形はありません

● **Jetzt sehe ich „Titanic".**　今、「Titanic」を見ています。

⑤　動詞 gehen

英語の *go* にあたる、よく使われる動詞です。「ご機嫌いかが？」にも使いました。

○ **Wie geht es Ihnen?** (Sie で話す相手に) / **Wie geht es dir?** (du で話す相手に)

● **Danke, gut.** (= Danke, es geht mir gut.)

たとえば Ich gehe ins Kino. （映画館に行く）のように単独で使うほか、他の動詞と組み合わせて「～しに行く」という表現ができます。

gehen + einkaufen　買い物する / **spazieren**　逍遥する / **wandern**　ハイキングする

Ich gehe am Freitag einkaufen.　金曜日に買い物に行きます。

Ich gehe am Samstag spazieren.　土曜日に散歩に行きます。

Ich gehe am Sonntag wandern.　日曜日にハイキングに行きます。

Lektion 4

この課で習うこと →　物の名前を尋ねる　買い物をする
名詞の性　名詞の単数と複数
不定冠詞と定冠詞の1格　人称代名詞の1格
大きな数字

SZENE 1

これは何でしょう？　イラストと音声を参考に、例にならって答えの文を作りましょう。　🎧 29
Was ist das? Hören Sie und antworten Sie.

Beispiel　○ Was ist das?　● Das ist eine Tasche.

Regenschirm m　　Kugelschreiber m

Geldbörse f

Schlüssel m

Tasche f

Bleistift m

Wörterbuch n

Smartphone n

Buch n

Brille f

Radiergummi n（または m）

1) Das ist ein _____.
2) Das ist eine _____.
3) Das ist ein _____.
4) Das ist ein _____.
5) Das ist ein _____.
6) Das ist ein _____.
7) Das ist _____ Buch.
8) Das ist _____ Wörterbuch.
9) Das ist _____.
10) Das ist _____.

Übung 1a 上で挙げられた名詞を文法上の性（男性 m、女性 f、中性 n）に分けましょう。またそれ
ぞれの不定冠詞を書き入れましょう。

Ergänzen Sie die unbestimmten Artikel und ordnen Sie die Substantive zu.

性	Maskulinum 男性名詞 , maskulin	Femininum 女性名詞 , feminin	Neutrum 中性名詞 , neutral
	m	f	n
不定冠詞	ein		
		Tasche	

人称代名詞の使い方（単数）

ドイツ語では名詞に性があるので、性に合わせて人称代名詞を当てはめます。英語では物や事柄はす
べて *it* でしたが、ドイツ語では次のようになります。

(m) er　　(f) sie　　(n) es

いろいろな色 Farben

rot ▬▬▬ gelb ▬▬▬ grün ▬▬▬ blau ▬▬▬ braun ▬▬▬ schwarz ▬▬▬ weiß ▬▬▬ grau ▬▬▬

Übung **1b** 例文にならって、文章を作りましょう。Schreiben Sie die Sätze.

> **Beispiel** Das ist ein Buch. Es ist gelb.

1) Das ist ....

2)

3)

4)

5)

6)

大きな数字 Zahlen ab 100

数字を補いましょう。それから音声を聞いて、発音してください。　🎧 30
Ergänzen Sie die Zahlenschlange. Dann hören Sie und sprechen Sie nach.

100 (ein)hundert	200 zweihundert	300	400
500	581 fünfhunderteinundachtzig	600	601 sechshunderteins
700	760	800	900
1000 (ein)tausend	10 000	100 000 hunderttausend	1 000 000 eine Million

Zahlenübung

聞き取った数字をマークしましょう。Hören Sie und markieren Sie.　🎧 31

1) ☐ 323 ☐ 332　　2) ☐ 451 ☐ 541　　3) ☐ 676 ☐ 767　　4) ☐ 816 ☐ 817

SZENE 2

1) Der Kuli ist schön. Er kostet 112 Euro 99 Cent.　　m　der → er　🎧 32

2) Die Brille ist modern. Sie kostet 220 Euro.　　f　die → sie

3) Das Smartphone ist neu. Es kostet 1.049 Euro.　　n　das → es

Übung ② 文章を完成させましょう。また、数字をドイツ語で表記しましょう。
Ergänzen Sie und schreiben Sie die Zahlen aus.

1) ○ Oh, der Regenschirm ist gut.

   ● Ja, ____ kommt aus _____. _____ kostet

   _____ Euro.（€112）

2) ○ Oh, die Tasche ist elegant.

   ● Ja, ____ kommt aus _____. _____ kostet

   _____ Euro.（€490）

3) ○ Oh, das Smartphone ist schick.

   ● Ja, _____ kommt aus den USA. _____ kostet

   _____ Euro.（€1.089）

SZENE 3

Dialog 1　お店にて
Im Geschäft　🎧 33

Verkäufer = V　Kundin = K

V Guten Tag. Brauchen Sie Hilfe?

K Ja, bitte. Was kostet die Uhr?

V Die Uhr kostet 2.300 Euro.

K Das ist aber teuer!

V Na ja. Sie kommt aus der Schweiz.

K Sie ist sehr schön. Aber 2.300!? Das ist zu teuer.

　Oh, die Ohrringe sind aber sehr interessant. Was kosten sie denn?

V Einen Moment. Sie kosten 210 Euro.

K Sie sind nicht so teuer.

人称代名詞の使い方（複数）

男性名詞、女性名詞、中性名詞いずれも複数は同じ形になります。　(Pl)　die → sie

Übung ③a 写真の物について、客と店員の会話を隣の人と練習しましょう。下線部は単語リストから自由に選んでください。Machen Sie Dialoge wie im Beispiel.

Beispiel

m

€199

elegant / gut / modern / neu / schick / schön

○ Brauchen Sie Hilfe?

● Ja, gern. Der Ring ist sehr <u>schön</u>. Was kostet er?

○ Er kostet 199 Euro.

● Das ist <u>teuer</u>.

nicht so teuer / teuer / zu teuer

€3500

€67

€52000

€499

1) Ring m　2) Tasche f　3) Auto n　4) Ohrringe Pl

▶ Ohr（耳）+ Ring（輪）= イヤリング
Ring m の複数形は Ringe です。

Übung 3b イラスト A と B の違いを見つけましょう。複数形（Taschen, Brillen, Regenschirme, Smartphones, Bücher）を使い、例にならって文を作りましょう。
Suchen Sie die Unterschiede.

A

B

> **Beispiel** Auf Bild A sind zwei Schlüssel. Aber auf Bild B sind drei Schlüssel.

Übung 3c 複数形の作り方には 5 つのパターンがあります。挙げられた単語の複数形を書き入れましょう。Ergänzen Sie die Tabelle

■ 単数 Singular / 複数 Plural

-(e)n	-s	-e/ᵉe	-er/ᵉer	-/ᵉ
Geldbörse f _____ Pl	Radiergummi n/m _____ Pl	Bleistift m _____ Pl	Buch n _____ Pl	Kugelschreiber m _____ Pl
Brille f _____ Pl	Smartphone n _____ Pl	Regenschirm m _____ Pl	Wörterbuch n _____ Pl	Schlüssel m _____ Pl
Tasche f _____ Pl				

SZENE 4

Dialog 2 34

A Wie heißt カサ auf Deutsch? Weißt du das?
B Ja, das heißt Regenschirm.
A Wie schreibt man das?
B R-E-G-E-N-S-C-H-I-R-M.

A Regenschirm. Der? Die? Das?
B Der Regenschirm.

▶ Wie schreibt man das? に含まれる man は一般の人を表し、三人称単数として扱われます。

Übung 4 SZENE 1 で登場した物について、上記 SZENE 4 のように対話しましょう。
Machen Sie Dialoge wie in Szene 4. Verwenden Sie die Wörter aus Szene 1.

Grammatik

名詞の性、不定冠詞と定冠詞の１格、人称代名詞の１格、名詞の複数形

1 「格」（Kasus）とは何か

今まで動詞の変化を中心に見てきましたが、この課では名詞と冠詞を新たに習います。これから必要になるのが「格」という概念で、ドイツ語を学ぶ上でとても重要です。日本語では格助詞「は」「が」「の」「に」「を」などを単語につけて、その語が文中でどんな役割を持っているのかを示しますが、ドイツ語ではその機能を格変化が担います。

sein 動詞を使った場合の格を確認しましょう。A ist B.「A は B である」という文において A は主語であり、「**主格 / １格（Nominativ）**」です。また A ist B とは A = B。

B は A の内容を表す述語ですから A と B は同じ格、どちらも「主格 / １格」です（なお格は主に数字で表すこととします）。

図式にすると　$\underline{A^1}$ ist $\underline{B^1}$.

$\underline{Das^1}$ ist $\underline{ein\ Bleistift}^1$.　これは鉛筆です。→ 文頭の指示代名詞 das と ein Bleistift はともに１格

$\underline{Das^1}$ ist $\underline{Frau\ Keller}^1$.　こちらはケラーさんです。

なお人称代名詞にも格の変化があります。Ich komme aus Japan. の ich は１格です。

2 名詞の性、不定冠詞と定冠詞の１格

ドイツ語の名詞には３つの文法上の性（男性、女性、中性）があり、冠詞は性によって格変化します。不定冠詞は英語の *a / an* に、定冠詞は *the* にあたります。

男 男性名詞 m　Das ist **ein** Bleistift.　**Der** Bleistift[1] ist gut.

女 女性名詞 f　Das ist **eine** Tasche.　**Die** Tasche[1] ist gut.

中 中性名詞 n　Das ist **ein** Buch.　**Das** Buch[1] ist gut.

なお複数形では、冠詞に性の区別はありません。ただし不定冠詞の複数は、英語の *a / an* に複数形がないのと同様、姿を消してしまうので注意しましょう。

複 複数名詞 Pl　Das sind Ohrringe.　**Die** Ohrringe[1] sind gut.

	m	f	n	Pl
不定冠詞１格	ein	eine	ein	
定冠詞１格	der	die	das	die

3 人称代名詞の使い方

英語では物や事柄はすべて *it* で受けましたが、ドイツ語では名詞の性にしたがって、人称代名詞を当てはめます。なお複数は男性名詞、女性名詞、中性名詞いずれも同じ形です。

男性名詞 m **Der** Bleistift ist gut. Was kostet **er**? **Er**[1] kostet 2 Euro.

女性名詞 f **Die** Tasche ist gut. Was kostet **sie**? **Sie**[1] kostet 20 Euro.

中性名詞 n **Das** Buch ist gut. Was kostet **es**? **Es**[1] kostet 25 Euro.

複数名詞 Pl **Die** Ohrringe sind gut. Was kosten **sie**? **Sie**[1] kosten 50 Euro.

	m	f	n	Pl
人称代名詞1格	er	sie	es	sie

4 名詞の複数形

名詞の複数形には次の5つのパターンがあります。

-(e)n	-s	-e/⸚e	-er/⸚er	-/⸚
単語の例				
Tasche	Auto	Regenschirm	Buch	Kugelschreiber
Taschen	Autos	Regenschirme	Bücher	Kugelschreiber

5 特殊な変化をする動詞 wissen

英語の *know* にあたる wissen の変化は不規則、さらに ich と三人称単数が同じ形という特殊な変化をします。

ich	weiß
du	weißt
er, sie, es	weiß
wir	wissen
ihr	wisst
sie, Sie	wissen

Lektion 5

この課で習うこと →

カフェで注文する　支払う
不定冠詞の4格　否定冠詞 kein- の1格と4格
動詞 nehmen, haben　„möchte-" の用法
並列の接続詞

SZENE 1

Dialog 1 カフェにて
Im Café 🎧 35

Kellner = K　Felix = F　Johanna = J

K　Guten Tag, Sie wünschen?

F　Ich möchte einen Milchkaffee.

J　Ich nehme einen Schwarztee.

K　Mit Zitrone oder Milch?

J　Mit Zitrone, bitte.

K　Ja, gerne. Also, einen Milchkaffee und einen
　　Schwarztee mit Zitrone. Möchten Sie etwas essen?

F　Möchtest du vielleicht einen Kuchen, Johanna?

J　Oh, ja! Gerne. Was haben Sie denn heute?

K　Heute haben wir Käsekuchen, Apfelkuchen, Schokoladentorte, Obsttorte ...

J　Ich möchte eine Schokoladentorte. Und du, Felix? Nimmst du auch ein Stück Kuchen?

F　Dann nehme ich einen Apfelkuchen. Dazu möchte ich ein Mineralwasser, bitte.

男性 m
女性 f
中性 n

Speisekarte

· · · Getränke · · ·			· · ·
Kaffee	2,80 €	m	
Milchkaffee	3,30 €	m	
Schwarztee	3,00 €	m	
Grüntee	3,10 €	m	
Orangensaft	3,25 €	m	
Cola	2,90 €	f	
Limonade	3,20 €	f	
Mineralwasser	2,90 €	n	

· · · Kuchen · · ·		
Schokoladentorte	4,65 €	f
Obsttorte	4,30 €	f

Apfelkuchen	3,20 €	m	
Käsekuchen	3,40 €	m	
· · · Kleine Speisen · · ·			
Käsebrötchen	3,90 €	n	
Schinkenbrötchen	3,95 €	n	
Zwiebelsuppe	4,50 €	f	
Gemüseeintopf	9,90 €	m	
Kartoffelsalat	7,80 €	m	
mit Wiener Würstchen			
Omelett	3,50 €	n	
Rösti	8,10 €	f	
Flammkuchen	9,50 €	m	

— haben, nehmen, möchte-

いずれも4格の目的語をとります。
▶ haben, nehmen は不規則変化動詞（文法ページの変化表参照）
▶ möchte- 単独使用で「～⁴が欲しい」、助動詞として「～したい」

Übung 1a Dialog 1 に使われている不定冠詞の4格（目的語）を見つけて、表を完成させましょう。
Ergänzen Sie die unbestimmten Artikel im Akkusativ.

	m	f	n
不定冠詞 ein- の4格			

Übung 1b カフェで注文してみましょう。Bestellen Sie im Café.

○ Sie wünschen? / Was möchten Sie trinken?　● Ich möchte / nehme ....

○ Was möchten Sie essen?　● Ich _____ ....

Übung 1c haben, nehmen, möchte- を使って文を完成させましょう。Ergänzen Sie.

1) ○ Was _____ Sie trinken?　● Ich _____ einen Milchkaffee.

2) ○ _____ du etwas essen?　● Ja, ich _____ gerne einen Kuchen.

3) ○ Was _____ Sie denn heute?

　● Wir _____ heute Käsekuchen, Apfelkuchen, Obsttorte und Nusstorte.

4) Johanna _____ einen Schwarztee und eine Schokoladentorte.

5) Johanna und Felix _____ jeweils ein Stück Kuchen.

SZENE 2

Dialog 2 夜、カフェにて
Nachts im Café　🎧 36

Max = M　Kellnerin = K

M Entschuldigung! Ich möchte noch etwas bestellen.

K Ja, bitte? Was bekommen Sie?

M Ich möchte einen Kartoffelsalat mit Wiener Würstchen.

K Tut mir leid, wir haben keinen Kartoffelsalat mehr.

M Schade. Dann nehme ich eine Zwiebelsuppe.

K Es tut mir leid, wir haben keine Zwiebelsuppe mehr.

M Äh... Haben Sie noch ein Käsebrötchen?

K Es tut mir wirklich leid, wir haben keine Brötchen mehr. Die Küche ist leider schon zu.

 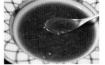 

Übung 2a **Dialog 2** に使われている否定冠詞の4格（目的語）を見つけて、表を完成させましょう。
Ergänzen Sie „kein-" im Akkusativ.

	m	f	n	Pl
否定冠詞 kein- の4格			kein	

Übung 2b **Dialog 2** の会話にならってカフェでのやり取りを練習してみましょう。注文された品がないと答えること。Lehnen Sie die Bestellung ab.

Beispiel ○ Ich nehme eine Zwiebelsuppe.
● Tut mir leid, wir haben keine Zwiebelsuppe mehr.

Übung 2c 冠詞を補いましょう。Ergänzen Sie.

1) ○ Ich nehme _____ Gemüseeintopf. Du auch?

● Nein, ich möchte _____ Zwiebelsuppe.

2) ○ Entschuldigung, haben Sie k_____ Grüntee?

● Nein, wir haben _____ Grüntee. Möchten Sie _____ Schwarztee?

3) Ich möchte schnell etwas essen. Ich nehme _____ Omelett.

SZENE 3

Dialog 3 カフェにて
Im Café 🎧 37

Daisuke = D   Kellner = K

D Flammkuchen? Was ist das? Entschuldigung,
Herr Ober!

K Ja, bitte?

D Flammkuchen, ist das eine Rösti?

K Nein, das ist keine Rösti.

D Ah, dann ist das ein Kuchen?

K Nein, nein, das ist auch kein Kuchen.

D Vielleicht ist das ein Brötchen?

K Nein, das ist kein Brötchen. Aber sehr lecker!

D Gut, dann nehme ich einen Flammkuchen.

Übung 3 **Dialog 3** に使われている不定冠詞と否定冠詞の1格を見つけて、表を完成させましょう。
Ergänzen Sie die Artikel im Nominativ.

	m	f	n	Pl
不定冠詞 ein- の1格				
否定冠詞 kein- の1格				keine

Dialog 4　カフェにて
Im Café

　🎧 38

Alina = A　Johanna = J　Kellner = K

A Herr Ober, wir möchten bezahlen.

K Gerne. Was bezahlen Sie?

A Ich bezahle eine Obsttorte und einen Milchkaffee.

K Das macht 7,60 Euro.

A Oh je, ich habe kein Geld dabei. Was mache ich nun?

J Du hast kein Geld dabei? Kein Problem, ich bezahle. Zusammen bitte.

K Dann macht das 10,40 Euro.

J Stimmt so.

K Danke, schönen Tag noch.

Übung 4a　30 頁のメニューを使って、カフェでの支払いを隣の人と練習しましょう。
Bezahlen Sie im Café. Verwenden Sie dazu die Speisekarte S.30.

 Beispiel

○ Was bezahlen Sie?　● Einen Kaffee und eine Obsttorte.

○ Das macht 7,10 Euro.　● 7,50 Euro, bitte.

○ Danke schön. Einen schönen Tag noch.

Übung 4b　カフェでの支払いです。以下の文章の連なりを正しい場所で区切り、句読点を補った正しい
文章に書き換えましょう。Schreiben Sie die Sätze und setzen Sie die richtigen Satzzeichen.

wirmöchtenbezahlenjagernewasbezahlensieeinenmilchkaffeeundein
käsebrötchendasmacht7,20euro8eurobitteichbezahleeinelimonade
undeinschinkenbrötchendasmacht7,15eurostimmtso

Dialog 5　カフェにて
Im Café

🎧 39

Kellner = K1　Kellnerin = K2

K1 Ich brauche eine Flasche Limonade. Sind da noch Flaschen Limonade?

K2 Limonade? Nein, hier sind keine Flaschen Limonade, nur Flaschen Orangensaft.

K1 Sag mal, haben wir noch Würstchen?

K2 Nee, wir haben keine Würstchen. Sie sind alle.

Übung 5　配達屋さんとの会話を練習してみましょう。カフェの倉庫に何がありますか？
Üben Sie das Gespräch mit einem Lieferanten. Was hat man noch im Keller?

○ Haben Sie noch Flaschen Bier?

● Nein, wir haben keine Flaschen Bier mehr.

Flaschen Bier	Flaschen Wein
Flaschen Limonade	Brötchen
Würstchen	

Grammatik

1 不定冠詞の 4 格

主語は「主格 / 1 格（Nominativ）」で表しました。ドイツ語の動詞には直接目的語をとる他動詞が多く、その目的語は「対格 / 4 格（Akkusativ）」といいます。

Ich trinke einen Kaffee.　コーヒーを飲みます。　einen Kaffee が目的語で、格を表すと

Ich[1] trinke einen Kaffee[4].　動詞 trinken（英語の *drink*）は 4 格目的語（英語でいう直接目的語）をとる他動詞です。

	m	f	n	Pl
不定冠詞 4 格	einen	eine	ein	

2 否定冠詞 kein-

不定冠詞のつく名詞は、否定冠詞 kein- を使って否定します。否定冠詞 kein- は不定冠詞 ein- と同様の変化をします。

○ Ist das ein Bleistift[1]?　　　● Nein, das ist kein Bleistift[1].

これは鉛筆ですか？　　　　　　　いいえ、これは鉛筆ではありません。

　　✍ ここでは鉛筆は 1 格です。ein に k をつけると否定冠詞 kein になります。

○ Haben Sie einen Bleistift[4]?　　● Nein, ich habe keinen Bleistift[4].

あなたは鉛筆を持っていますか？　　いいえ、鉛筆を持っていません。

　　✍ ここでは鉛筆は 4 格の目的語です。einen に k をつけると否定冠詞 keinen になります。

■否定冠詞 kein- の変化

	m	f	n	Pl
否定冠詞 1 格	kein	keine	kein	keine
否定冠詞 4 格	keinen	keine	kein	keine

変化を比べておきましょう！

	m	f	n	Pl
不定冠詞 1 格	ein	eine	ein	
不定冠詞 4 格	einen	eine	ein	

3 „möchte-"

„möchte-" は単独使用で「〜⁴ が欲しい」、助動詞として「〜したい」
の意味で使います。

助動詞として使われる場合、動詞の不定形は文末に置かれます。

Ich möchte <u>einen Kaffee</u>⁴.

    ✎ möchte の目的語が 4 格 einen Kaffee「コーヒーが欲しい」

Ich möchte einen Kaffee trinken.

    ✎ trinken の目的語が 4 格 einen Kaffee「コーヒーを飲みたい」

ich	möchte
du	möchtest
er, sie, es	möchte
wir	möchten
ihr	möchtet
sie, Sie	möchten

4 不規則変化動詞 haben, nehmen

	haben*	nehmen*
ich	habe	nehme
du	hast	nimmst
er, sie, es	hat	nimmt
wir	haben	nehmen
ihr	habt	nehmt
sie, Sie	haben	nehmen

英語の be 動詞にあたる
sein はとても重要な動
詞です。
ここで sein の変化を見
直しておきましょう！

■ sein 動詞の現在人称変化

ich	bin
du	bist
er, sie, es	ist
wir	sind
ihr	seid
sie, Sie	sind

haben（英語の *have* にあたる）、nehmen（英語の *take* にあたる）はともに 4 格の目的語をとる
他動詞で、不規則な変化をします。

Ich habe einen⁴ Bleistift.　　*I have a pencil.*

Ich nehme einen⁴ Kaffee.　　注文するときの表現で「コーヒーをいただきます」

5 und と aber — „Position 0" の接続詞（並列の接続詞）

3 課で見たように、ドイツ語には定動詞第 2 位の法則があります。しかし und と aber（英語の
and, but にあたる）は動詞の語順に影響を与えません。つまりカウントしない、Position 0（Null）
の接続詞です。なお、このような接続詞は他に oder（あるいは）、sondern（そうでなく）、denn（というのは）
があります。

        Position 2

        finites Verb

Aber das Café   ist   jetzt voll.   でもカフェは今、満席です。

   Aber jetzt   ist   das Café voll. でも今、カフェは満席です。

Lektion 6

買い物に出かける
定冠詞の４格　ja / doch / nein　動詞 finden
es gibt　mögen　無冠詞（Nullartikel）

SZENE 1

Dialog 1　ショーウインドーの前で
Vor dem Schaufenster　🎧 40

A Sieh mal, wie findest du die Bluse?
Die ist sehr schön.

B Stimmt. Wie findest du den Anzug?

A Der ist schick. Du brauchst doch einen
Anzug für das Jobinterview.

B Ja, aber das Hemd ist zu modern.

A Meinst du? Ich finde das Hemd nicht so
schlecht.

B Hm. Ich brauche kein Hemd, aber ich
möchte noch Schuhe kaufen.
Die Schuhe da sind elegant.

A Ja? Ich finde die Schuhe etwas
altmodisch.

▶ finden: 語幹が -d で終わるので、発音しやすく
するため語調を整える e を加えます。（３課 19
頁参照）。

Krawatte f
Anzug m　Hemd n
Bluse f
Jacke f
Rock m
Hose f
Schuhe Pl

Übung 1a　定冠詞の４格（目的語）を書き入れましょう。
Ergänzen Sie die bestimmten Artikel im Akkusativ.

m	f	n	Pl
	die		

Übung 1b　下線部を補いましょう。Ergänzen Sie.

1) ○ Wie findest du _____ Pullover?

　● _____ Pullover finde ich ganz nett.

2) ○ _____ Jacke finde ich nicht so schlecht.

　● Und _____ Jacke hier? _____ ist auch ganz nett.

3) ○ Wie findest du _____ T-Shirt hier?

　● _____ finde ich zu teuer. Aber _____ T-Shirt da ist

　　super. _____ nehme ich.

Pullover m

Jacke f

T-Shirt n

4) ○ Wie finden Sie _____ Schuhe hier?

   ● Oh ja, _____ Schuhe finde ich schick. _____ nehme ich.

Schuhe Pl
(Schuh m)

Übung 1c 挙げられた語を使って、隣の人と服について話しましょう。
Sprechen Sie mit Ihrem Partner/ Ihrer Partnerin über die Kleidung.

Beispiel ○ Wie findest du den Pullover? ● Den finde ich langweilig.

altmodisch	elegant	modern	nett	schick	schön	sportlich	super
新しい単語	bequem	cool	konservativ	langweilig			

SZENE 2

Dialog 2 デパートで
Im Kaufhaus

🎧 41

A Hast du noch Zeit?

B Ja, warum?

A Ich habe Hunger. Hier gibt es eine Cafeteria.

B Ich habe keinen Hunger, aber Durst. Gehen wir?

A Gerne. Ich habe Lust auf Flammkuchen.

B Und ich habe Lust auf Kaffee.

Übung 2a Durst, Hunger, Lust, Zeit から適当な語を選んで、下線部を補いましょう。 Ergänzen Sie.

1) Ich habe _____. Ich möchte gern etwas essen.

2) Möchtet ihr etwas trinken? Habt ihr _____?

3) Haben Sie noch _____? Gehen wir vielleicht zusammen spazieren?

4) Ich möchte schwimmen. Hast du _____ auf Sport?

5) Ich bin voll. Ich habe keinen _____ mehr.

6) Ich arbeite noch! Leider habe ich keine _____.

Übung 2b 大学に次の施設があるかどうか、隣の人に聞いてみましょう。
Fragen Sie Ihren Partner, ob es Folgendes in der Universität gibt.

Bäckerei f	Bibliothek f	Brillenladen m	Buchladen m	Café n
Reisebüro n	Fahrradladen m	Restaurant n	Schwimmbad n	
Friseursalon m				

Beispiel ○ Gibt es ein Café? ● Nein, es gibt kein Café.
    ○ Gibt es ein..... ? ● Ja, es gibt ...

Dialog 3　スーパーにて
Im Supermarkt

🎧 42

A　Wir brauchen noch Fisch für heute Abend.

B　Fisch? Na ja. Magst du kein Fleisch?

A　Doch, ich esse auch gern Fleisch, aber Fisch
　　aus Norwegen ist heute günstig.

B　Gut. Dann essen wir heute Abend Fisch.
　　Fisch ist gesund.

A　Obst ist auch gesund. Sieh mal, da gibt es
　　Obst.

B　Oh, ich mag Äpfel, Orangen und Kirschen. Leider gibt es noch keine Kirschen.

A　Aber es gibt Erdbeeren. Hast du keine Lust auf Erdbeeren?

B　Nein, ich esse keine Erdbeeren. Aber ich mag Birnen. Magst du keine Birnen?

A　Doch, ich esse sehr gern Birnen.

B　Dann nehmen wir Birnen.

ja / nein / doch

肯定疑問文に対しては ja / nein、否定疑問文に対しては doch / nein で答えます。

肯定疑問文　○ Hast du Hunger?　　　● Ja, ich habe Hunger.
　　　　　　　　　　　　　　　　　　　　● Nein, ich habe <u>keinen</u> Hunger.

否定疑問文　○ Hast du <u>keinen</u> Hunger?　● **Doch**, ich habe Hunger.
　　　　　　　　　　　　　　　　　　　　● Nein, ich habe <u>keinen</u> Hunger.

相手が言った否定を打ち消すのが doch「そんなことないよ」です。

Übung 3a　Ja, Nein, Doch を補って、文を完成させましょう。Ergänzen Sie „Ja", „Nein" oder „Doch".

1)　○ Möchtest du etwas trinken?　　　● _____ , ich habe keinen Durst.

2)　○ Möchtest du nichts essen?　　　● _____ , ich habe Hunger.

3)　○ Möchten Sie etwas trinken?　　　● _____ , ich möchte einen Tee.

4)　○ Hast du Zeit?　　　　　　　　● _____ , ich habe keine Zeit. Ich habe
　　　　　　　　　　　　　　　　　　einen Termin.

5)　○ Hast du keine Lust auf Tanzen?　● _____ , ich tanze gerne.

Übung 3b　Dialog 3 を読んで、変化表を埋めましょう。Ergänzen Sie.

■ mögen（4格の目的語を伴って「〜⁴が好き」）

ich	du	er, sie, es	wir	ihr	sie, Sie
		mag		*mögt*	

Übung 3c 挙げられた条件に従って mögen を使った文を作りましょう。否定文には否定冠詞 kein- を使います。Schreiben Sie die Sätze mit „mögen".

Beispiel Daisuke / Flammkuchen ☺ /. → Daisuke mag Flammkuchen.

1) ich / Fisch ☺ / .
2) wir / Kaffee m ☹ / .
3) Herr und Frau Lange / Zwiebelsuppe f ☹ / .
4) ihr / Kirschen ☺ / ?
5) Sie / Erdbeeren ☺ / ?

SZENE 4

Dialog 4 🎧 43

Daisuke = D   Johanna = J

D Johanna, isst du gern japanisch?
J Nein, ich esse nicht gern Fisch.
D Aber wir essen auch gern Fleisch in Japan. Oder magst du auch kein Fleisch?
J Doch, ich esse gern Fleisch.
D Dann gehen wir zusammen japanisch essen.

Übung 4a Dialog 4 を読んで、変化表を埋めましょう。Ergänzen Sie.

■不規則変化動詞 essen*

ich	du	er, sie, es	wir	ihr	sie, Sie
		isst			

Übung 4b 動詞 essen を使って、会話を完成させましょう。
Schreiben Sie die Dialoge mit dem Verb „essen" wie im Beispiel.

Beispiel ○ Herr Tanaka, essen Sie gern deutsch?   ● Ja, <u>ich esse gern deutsch</u>.

1) ○ _____ du gern Baumkuchen?   ● Ja, _____ .

2) ○ _____ ihr gern Kirschen?   ● Nein, _____ .

3) ○ _____ Herr Lange nicht gern Käse?

   ● Doch, _____ .

4) ○ _____ Frau Lange gern Zwiebelsuppe?

   ● Nein, _____ .

5) ○ _____ Herr und Frau Lange nicht gern japanisch?

   ● Doch, _____ .

Übung 4c 周りの人に聞いてみましょう。Fragen Sie Ihren Partner / Ihre Partnerin.

Was isst du gern? Was isst du nicht gern?

Grammatik

定冠詞の 4 格、ja / nein / doch、動詞 finden、es gibt + 4 格、mögen + 4 格、無冠詞の用法

1 定冠詞の 4 格

5 課では不定冠詞 4 格の変化を学びましたが、定冠詞 4 格の変化は次のようになります。

■ 定冠詞 4 格の変化

	m	f	n	Pl
定冠詞 4 格	den	die	das	die

Ich[1] finde den Anzug[4] schick.　den Anzug が 4 格の目的語です。
私は[1] このスーツを[4] おしゃれだと思う。

動詞 finden は 4 格目的語をとる他動詞です。英語の *find* にあたる、用途の広い動詞です。例文の用法「〜[4]を…だと思う」は、自分の意見を言うのに大変よく使われます。

2 ja / nein / doch

肯定疑問文に対しては ja / nein、否定疑問文に対しては doch / nein で答えます。

肯定疑問文　○ Isst du gern Brot?　　　● Ja, ich esse gern Brot.
　　　　　　　　　　　　　　　　　　　● Nein, ich esse <u>nicht</u> gern Brot.

否定疑問文　○ Isst du nicht gern Brot?　● **Doch**, ich esse gern Brot.
　　　　　　　　　　　　　　　　　　　● Nein, ich esse <u>nicht</u> gern Brot.

つまり相手が言った否定を打ち消すのが doch「そんなことないよ」なのです。
日本語の「はい」「いいえ」の訳に引きずられるのではなく、ドイツ語の中で考えるのがコツです。否定冠詞を使った文章でも確認しておきましょう。

肯定疑問文　○ Hast du Hunger?　　　　● Ja, ich habe Hunger.
　　　　　　　　　　　　　　　　　　　● Nein, ich habe <u>keinen</u> Hunger.

否定疑問文　○ Hast du keinen Hunger?　● **Doch**, ich habe Hunger.
　　　　　　　　　　　　　　　　　　　● Nein, ich habe <u>keinen</u> Hunger.

3 finden + 4 格

finden は英語の *find*「見つける」にあたりますが、評価や意見を述べる *think* の意味でよく使われます。

Ich finde den Anzug schick.　〜[4]を…だと思う
私はこのスーツを (den Anzug [4]) おしゃれ (schick) だと思う。

(= Ich finde, <u>der Anzug</u>[1] ist schick. / <u>Der Anzug</u>[1] ist schick, finde ich.)

⚠ finden（find + en）語幹が d で終わるために「発音を整える e」が必要です。これを入れることで動詞の語尾変化がはっきり発音できるようになります。

ich	finde
du	find**est**
er, sie, es	find**et**
wir	finden
ihr	find**et**
sie, Sie	finden

（なお語幹が t で終わる動詞も同様でしたね。arbeiten → du arbeitest ... 3 課 19 頁参照）

4 es gibt + 4 格

es gibt 〜⁴ は「〜⁴ がある」の意。英語の *it* にあたる es を主語とした表現で、gibt は不規則変化動詞 geben（英語の *give* にあたる）からきています。〜⁴ の部分には人や物、単数でも複数でも入れることができます。英語の *there is* 〜 , *there are* 〜 にあたります。

Es gibt hier <u>einen Kiosk</u>⁴.	ここに（ひとつ）キオスクがあります。
Es gibt in Japan <u>viele Universitäten</u>⁴.	日本にはたくさんの大学があります。
Im Café gibt es <u>viele Leute</u>⁴.	カフェにたくさんの人がいます。

5 mögen

mögen は単独使用で「〜⁴ が好き」、助動詞として「〜かもしれない」の意味で使います。

この課では mögen + 4 格「〜⁴ が好き」の用法を練習しました。なお mögen は不規則な変化をし、5 課で習った möchte- と同様、ich と三人称単数（er, sie, es）が同じ形です。

ich	mag
du	magst
er, sie, es	mag
wir	mögen
ihr	mögt
sie, Sie	mögen

Ich mag <u>keinen Käse</u>⁴.
私はチーズが好きではありません。

Johanna mag <u>Käse</u>⁴ sehr gern.
ヨハンナはチーズがとても好きです。

6 無冠詞の用法　Null-Artikel

数えられないもの（抽象名詞、物質名詞）、種類全体を表す名詞には冠詞をつけません。

Ich habe Zeit / Durst / Hunger / Lust. などの抽象名詞

Ich esse gern Fleisch / Fisch. などの物質名詞

Ich esse gern Kuchen.　特定のケーキではなくケーキ全般が好きだという意味になります。

Den Kuchen mag ich.「このケーキが好き」　定冠詞をつけて特定のケーキを指しています。

なお無冠詞の名詞を否定するときは、否定冠詞 kein- を使います。

Ich habe Zeit.	→	Ich habe keine Zeit.	時間がありません。
Ich mag Fleisch.	→	Ich mag kein Fleisch.	お肉が好きではありません。

次の文章では副詞 gern（好んで）を nicht で否定しています。

Ich esse gern Fleisch. → Ich esse nicht gern Fleisch.　お肉が好きではありません。

Lektion 7

SZENE 1

何時ですか？　次の会話を聞いて、数字を表に書き入れましょう。 44

Beispiel ○ Wie spät ist es?　● Es ist neun Uhr.

1) ＿＿＿＿＿＿ nach

zwölf Uhr zehn

2) Viertel vor ＿＿＿＿＿＿

zwölf Uhr fünfundvierzig

3) halb ＿＿＿＿＿＿

sechzehn Uhr dreißig

4) ＿＿＿＿＿＿ nach

halb ＿＿＿＿＿＿

siebzehn Uhr fünfunddreißig

Übung ❶　時間を聞き取りましょう。時計に針を書き入れ、時間をドイツ語で書きましょう。Hören Sie, zeichnen und schreiben Sie die Uhrzeiten. 45

1) 　2) 　3) 　4) 　5) 　6)

SZENE 2

Martin のモノローグを聞いて、何時に何をしているか、時計とイラストを結びつけましょう。 46
Hören Sie und ordnen Sie die Bilder den Uhrzeiten zu.

Er geht zur Uni

Er jobbt.

Er steht auf.

Er isst zu Mittag.

Er sieht fern.

Er frühstückt.

Er kauft ein.

einkaufen は kaufen に前つづり ein がついた動詞です（分離する前つづり ein + **kaufen**）。前つづりが離れて文末に置かれる現象のために「分離動詞」と呼ばれます。分離動詞では前つづりにアクセントを置いて発音します。

Beispiel   ein**kaufen**   Ich **kaufe** um sechs Uhr ein.

                     Um sechs Uhr **kaufe** ich ein.

                     Kaufst du um sechs Uhr ein?

                     Wann **kaufst** du ein?

Übung 2a   上記例文にならって、4つの文を作りましょう。
Schreiben Sie jeweils zwei Aussagesätze und zwei Fragesätze wie oben im Beispiel.

auf**stehen** + um sieben Uhr   Ich ....

Übung 2b   例にならって隣の人と練習しましょう。Fragen Sie und antworten Sie.

	Frage	Antwort
例	wann / auf**stehen** / du ?	um 6.30 Uhr
1)	wann / auf**stehen** / du ?	?
2)	wann / ein**kaufen** / du ?	?
3)	fern**sehen** / gern / du?	?

Beispiel   F: Wann **stehst** du auf?   A: Ich **stehe** um halb sieben auf.

SZENE 3

Dialog 1   デュッセルドルフへ   🎧 47
Nach Düsseldorf

A Was machst du am Sonntag?
B Ich habe nichts vor.
A Machen wir einen Ausflug nach Düsseldorf?
B Gerne. Wann fahren wir denn ab?
A Moment mal, ... Um 10 Uhr 49 fährt der RE nach Düsseldorf ab.
B Wann kommen wir an?
A Der Zug kommt um 11 Uhr 19 an. Dann essen wir zu Mittag. Da gibt es viele japanische Restaurants.

Bahnhof/ Haltestelle	Zeit	Dauer	Umst.	Produkte	Flexpreis
Köln Hbf Düsseldorf Hbf	**10:41** **11:05**	0:24	0	ICE	**18,50 EUR**
Köln Hbf Düsseldorf Hbf	**10:49** **11:19**	0:30	0	RE	

▶Hbf: Hauptbahnhof（中央駅）の略   RE: Regional Express の略

Dialog 2   デュッセルドルフで   🎧 48
In Düsseldorf

A Besuchen wir jetzt das Museum K20?
B Moment mal... Bis wann ist das Museum geöffnet?
A Bis 18 Uhr. Dann besichtigen wir zuerst den Medienhafen, oder?
B Gut, wir nehmen die Straßenbahn. Wir steigen in der Steinstraße ein.
A Müssen wir umsteigen?
B Ja, wir steigen in der Morsestraße um und dann ...
A ... steigen wir am Medienhafen aus.

Übung ③ SZENE 3 の内容に従って空所に分離動詞の前つづりを補い、カッコに動詞の不定形を書き入れましょう。Ergänzen Sie die trennbaren Vorsilben und schreiben Sie die Infinitive in die Klammern.

Beispiel ◀ Ich habe etwas <u>vor</u>. (vorhaben)

1) Ich habe nichts _____. (   )

2) Um 10 Uhr 49 fährt der RE nach Düsseldorf _____. (   )

3) Der Zug kommt um 11 Uhr 19 _____. (   )

4) Wir steigen in der Steinstraße _____. (   )

5) Wir steigen in der Morsestraße _____. (   )

6) Dann steigen wir am Medienhafen _____. (   )

SZENE 4

Dialog 3   美術館にて   🎧 49
             Im Museum

A   Ach, es ist schon zwanzig vor sechs. Das Museum macht gleich zu.

B   Wollen wir dann langsam los?

A   Was machen wir nun? Ich habe schon Hunger.

B   Ich auch. Die Restaurants machen schon um 18 Uhr auf.
     Wollen wir essen gehen?

A   Ja, dann müssen wir jetzt die Straßenbahnhaltestelle suchen.

B   Nein, wir gehen zu Fuß.

Übung ④a 右の表を見て、文に動詞（aufmachen、zumachen）または geöffnet、geschlossen を補いましょう。
Ergänzen Sie aufmachen, zumachen, geöffnet und geschlossen.

	Öffnungszeiten	
Bank f	Mo.- Fr.	9.00 – 18.00
Buchhandlung f	Mo.- Sa.	9.30 – 20.00
Kaufhaus n	Mo.- Sa.	10.00 – 20.00
Museum	Di.- So.	11.00 – 18.00
„Kunstpalast" n	Do.	11.00 – 21.00

1) Die Bank _____ um 9 Uhr _____. Sie _____ um 18 Uhr _____. Sie ist bis 18 Uhr _____. Am Samstag und Sonntag ist sie _____.

2) Die Buchhandlung _____ um 20 Uhr _____. Sie ist von halb zehn bis 20 Uhr _____. Am Sonntag ist sie _____.

3) Das Kaufhaus _____ um 10 Uhr _____. Es ist von 10 bis 20 Uhr _____.

4) Das Museum ist am Montag _____.

Tipp! 自動詞を使う：auf**machen** 〜が開（あ）く — zu**machen** 〜が閉まる
sein とともに：geöffnet 開いている — geschlossen 閉まっている

変化表を埋めましょう。Ergänzen Sie.

	ich	du	er, sie, es	wir	ihr	sie, Sie
wollen	will	willst	will			
müssen	muss	musst	muss		müsst	

Übung **4c** 例にならって助動詞（müssen, wollen）を加えた文を作りましょう。
Schreiben Sie die Sätze mit den Modalverben (müssen, wollen).

> **Beispiel**
> Wann fahren wir denn nach Düsseldorf ab?　＋ wollen
> Wann wollen wir denn nach Düsseldorf abfahren?

1) Wir besuchen das Museum K20. + wollen
2) Wir steigen in Düsseldorf aus. + wollen / müssen
3) Steigen wir hier um? + müssen
4) Wir gehen jetzt essen. + wollen

Übung **4d** 助動詞 müssen または wollen を補いましょう。
Ergänzen Sie die Modalverben „müssen" oder „wollen".

Stefan muss heute nicht früh aufstehen. Er will um elf Wiebke treffen, denn sie _____ zusammen lernen. Deshalb _____ er die U-Bahn um halb elf nehmen, sonst kommt er zu spät. Dann _____ er mit Wiebke zu Mittag essen. Danach _____ Stefan zur Uni gehen, denn er hat eine Prüfung. Aber Wiebke _____ die Prüfung nicht machen, denn sie ist damit schon fertig. Heute _____ sie jobben.

Übung **4e** 挙げられた語を使って、隣の人としたいことについて話しましょう。質問の文では wollen を使いますが、答えるとき、„Ich will" は子供っぽく聞こえてしまうので、„Ich möchte ..." で答えます。Fragen Sie und antworten Sie.

> **Beispiel**
> ○ Wann willst du <u>einkaufen gehen</u>?
> ● Ich möchte nachmittags einkaufen gehen.

> Deutsch lernen - Musik machen
> – Fußball spielen –
> ins Kino gehen – Sport machen

--- **時間の配分** Tageszeit

morgens

vormittags

mittags

nachmittags

abends

Grammatik

時間の表現、分離動詞、前置詞 nach、助動詞 wollen, müssen

1 時間の表現 Uhrzeiten

時間の言い方には、日常的に使われる 12 時間制と公式時刻を示す 24 時間制があります。

○ Wie spät ist es?（= Wieviel Uhr ist es?） 何時ですか？

● Es ist acht Uhr. / Es ist zwanzig Uhr. `20:00`

● Es ist Viertel nach acht. / Es ist acht Uhr fünfzehn. `8:15`

● Es ist halb neun. / Es ist acht Uhr dreißig. `8:30`

● Es ist Viertel vor neun. / Es ist acht Uhr fünfundvierzig. `8:45`

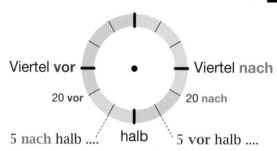

Viertel **vor** — — Viertel **nach**

20 **vor**　　20 nach

5 **nach** halb ....　　halb　　5 **vor** halb ....

1 時の言い方に注意しましょう。eins Uhr とは言いません！

● Es ist eins. / Es ist ein Uhr. `1:00`

ちょっと複雑に聞こえますが、halb を使って次のように表します。

● Es ist fünf vor halb neun. / Es ist acht Uhr fünfundzwanzig. `8:25`

● Es ist fünf nach halb neun. / Es ist acht Uhr fünfunddreißig. `8:35`

「〜時に」と言うときには前置詞 um を使います。

○ Wann stehst du auf? / Um wieviel Uhr stehst du auf? いつ（何時に）起きますか？
● Ich stehe um 7 Uhr auf. 私は 7 時に起床します。
○ Um wieviel Uhr kommt der Zug an? 列車は何時に到着しますか？
● Um 11 Uhr 19 kommt der Zug an. 11 時 19 分に列車は到着します。

2 分離動詞 Trennbare Verben

ドイツ語には分離動詞と呼ばれる、基本となる動詞に分離する前つづりがついた動詞があります。
aufstehen を例に見てみましょう。

aufstehen は基本となる動詞 stehen に分離する前つづり auf がついた動詞です。stehen「立っ
ている」に「上へ」を表す auf を加えて aufstehen「起きる、起床する」という新たな動詞ができ

あがるのです。前つづりが次のように分離して文末に置かれるため、分離動詞と呼ばれます。アクセントは分離する前つづりに置かれます。

Ich **stehe** um sechs Uhr auf. 私は6時に起きます。

Um sechs Uhr **stehe** ich auf. 6時に私は起きます。

Stehst du um sechs Uhr auf? 6時に起きますか？

Um wieviel Uhr **stehst** du auf? 何時に起きますか？

前につづって意味を加える「前つづり」。これをつけることで動詞はぐっと豊かになります。実はそれぞれに意味があります。

ab	「～を起点に（離れて）」	☞ abfahren	出発する
an	「～に接触する、接近する」	☞ ankommen	到着する
auf	「上に」「開いた状態の」	☞ aufstehen 起きる、aufmachen 開ける、開く	
aus	「（～から出て）外へ」	☞ aussteigen	降りる
ein	「中へ」	☞ einkaufen	購入する、買う
fern	「遠く」	☞ fernsehen	テレビを見る
um	「転換、転回する」	☞ umsteigen	乗り換える
zu	「～の方向へ」「閉じた状態の」	☞ zumachen	閉じる、閉める

3 ## 前置詞 nach

空間に関して：「～へ」都市・地域名、多くの国名につけます。

Wir fahren nach Deutschland.

Er fährt nach Berlin.

時間に関して：「～の後」

Es ist Viertel nach sieben.

4 ## 助動詞 wollen, müssen

wollen は意志を表します。「（意志をもって）～するつもりだ、～したい」（英語 *will* の用法のうち「意志未来」にあたります）

müssen は「～しなければならない」müssen + nicht で「～する必要はない」

	wollen	müssen
ich	will	muss
du	willst	musst
er, sie, es	will	muss
wir	wollen	müssen
ihr	wollt	müsst
sie, Sie	wollen	müssen

Wir wollen essen gehen. Kommst du auch mit?
私たち食事に行こうと思う。君も一緒に来る？

Ich muss für das Staatsexamen lernen.
私は国家試験の勉強をしなければなりません。

Wollen Sie schnell nach Bonn fahren? Nehmen Sie den ICE. Dann müssen Sie nicht umsteigen.
ボンに早く行きたいのですか？　ICE（都市間超特急）にお乗りなさい。それなら乗り換えなくていいですよ。

Lektion 8

この課で習うこと → 人物について（家族、職業）
所有冠詞の1格と4格　人称代名詞の4格
助動詞 können

SZENE 1

Dialog 1　学生寮にて
Im Studentenwohnheim　🎧 50

Daisuke = D　Martha = M

M Du, Daisuke, wohnen deine Eltern auch in Deutschland?

D Meine Eltern? Nein, sie wohnen in Japan, in Osaka.

M Ach, so. Du bist allein hier. Was ist dein Vater von Beruf?

D Mein Vater ist Angestellter.

M Arbeitet deine Mutter auch?

D Ja, sie ist Lehrerin.

M Hast du Geschwister?

D Ja, ich habe eine Schwester und einen Bruder. Meine Schwester ist schon verheiratet und hat zwei Kinder.

M Und was macht dein Bruder?

D Er ist Informatiker.

M Das ist aber interessant. Hat er Familie?

D Nein, er ist noch ledig.

M Ach so, meine Schwester ist seit einem Jahr geschieden.

Übung 1a　家族の系図を完成させましょう。Ergänzen Sie den Stammbaum.

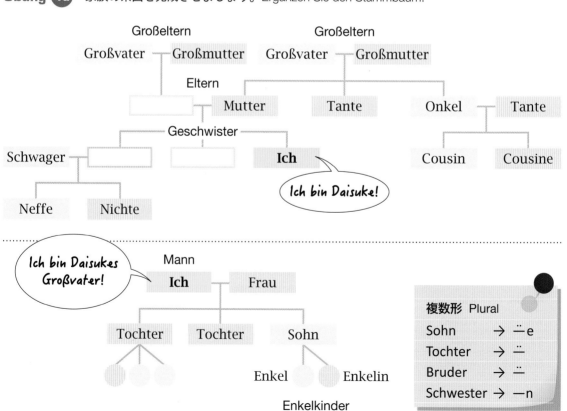

複数形 Plural

Sohn	→ ⁻e
Tochter	→ ⁻
Bruder	→ ⁻
Schwester	→ —n

48　achtundvierzig

Übung 1b Dialog 1 を参考に、所有冠詞 mein-, dein- の1格を書き入れましょう。

Ergänzen Sie die Possessivpronomen mein- und dein- im Nominativ.

	m	f	n	Pl
1格 mein-	_____ Vater	_____ Mutter	_____ Kind	_____ Eltern
1格 dein-	_____ Vater	_____ Mutter	dein Kind	_____ Eltern

Übung 1c 所有冠詞 mein-, dein- を使って、文を完成させましょう。

Ergänzen Sie die Possessivpronomen.

1) ○ Was ist _____ Mutter von Beruf? ● _____ Mutter ist Lehrerin.

2) ○ Ist _____ Cousin verheiratet? ● Nein, _____ Cousin ist geschieden.

3) ○ Wohnen _____ Eltern auch in Osaka? ● Nein, _____ Eltern wohnen in Shiga.

4) ○ Was macht _____ Kind jetzt?

   ● _____ Tochter studiert schon!

   ○ Ach! Wie alt ist sie denn?

   ● Neunzehn. Sie ist 2001 geboren.

> **Tipp!** 年号の読み方　🎧 51
> 1868　achtzehnhundertachtundsechzig
> 1901　neunzehnhunderteins
> 2025　zweitausendfünfundzwanzig

職業 Berufe　🎧 52

Angestellter / Angestellte 会社員　　Sekretär / -in 秘書　　Kaufmann / Kauffrau 経理・経営職

Vertriebsmanager / -in 営業・企画職　　Rechtsanwalt / Rechtsanwältin 弁護士

Lehrer / -in 教師　　Beamter / Beamtin 公務員　　Architekt / -in 建築士

Ingenieur / -in エンジニア　　Informatiker / -in ITエンジニア　　Landwirt / -in 農業従事者

Koch / Köchin 調理師　　Apotheker / -in 薬剤師　　Arzt / Ärztin 医師

Krankenpfleger / Krankenschwester 看護師　　Therapeut / -in カウンセラー

Dolmetscher / -in 通訳　　Übersetzer / -in 翻訳家

すでに出てきた単語 Student / -in　　Kellner / -in　　Verkäufer / -in

Übung 1d 架空の家族を作ってみましょう。イラストが示す職業に Vater, Mutter, Schwester, Onkel, Cousine を自由に当てはめてください。そして例にならって隣の人にインタビューしましょう。Das ist meine Fantasiefamilie. Ordnen Sie die Berufe den Personen zu. Machen Sie dann ein Interview.

Beispiel ○ Was ist <u>dein Vater</u> von Beruf? ● Mein Vater ist ....

meine Familie: _____

deine Familie: _____

Dialog 2 学生寮にて　Im Studentenwohnheim 🎧 53

Daisuke = D　Martha = M

M Daisuke, wie oft siehst du deine Familie?

D Meine Eltern treffe ich nur im Sommer.

M Aha. Triffst du dann auch deine Geschwister?

D Na ja, meine Schwester besuche ich auch im Sommer. Aber meinen Bruder treffe ich manchmal in London.

M Ach, du siehst deinen Bruder in England!

D Ja, er macht ab und zu eine Dienstreise. Martha, ich glaube, dein Smartphone klingelt!

M Ach, immer finde ich mein Telefon nicht!

Dialog 3 ケルンにて　In Köln 🎧 54

A Am Wochenende treffe ich meine Großeltern in Weimar.

B Siehst du sie oft? Besuchen sie euch auch?

A Ja, sie besuchen uns gerne. Am Sonntag feiern sie Goldene Hochzeit.

B Wie romantisch! Fährt deine Freundin mit?

A Ja, ich nehme sie mit.

B Schön. Und dein Hund? Bleibt er allein zu Hause?

A Nein, natürlich nehme ich ihn auch mit.

B Wie kommt ihr denn nach Weimar?

A Mit dem Auto. Aber vorher muss ich es noch waschen.

Übung 2a 挙げられた単語を使って質問の文を作りましょう。所有冠詞は変化させること。答えの文では人称代名詞4格を使い、頻度は指示に従うこと。Schreiben Sie die Fragen und antworten Sie.

Beispiel ○ du / dein- / wie oft / triffst /Eltern / ?　　Wie oft triffst du deine Eltern?
● ++　　　　　　　　　　　　　　　　　　　Ich treffe <u>sie</u> sehr oft.

1) ○ du / dein- / Tante / wie oft / besuchst / ?　　　● – +

2) ○ du / dein- / an / Freund / wie oft / rufst /?　　● +++

3) ○ du / dein- / Großeltern / wie oft / besuchst / ?　● +

4) ○ du / dein- / Smartphone / wie oft / suchst / ?　● 自由に答えてみましょう！

➤ **頻度** Häufigkeit

– –	–	– +	+	++	+++
nie	selten	manchmal	oft	sehr oft	jeden Tag
		ab und zu			

Übung 2b 隣の人に聞いてみましょう。Fragen Sie Ihren Partner / Ihre Partnerin.

Wen triffst du jeden Tag / sehr oft / oft / manchmal ...?

1格　Wer?
4格　Wen?

Dialog 4 パーティの前
Vor der Party

🎧 55

Felix = F   Daisuke = D

F Wir können am Freitag eine Party machen.

D Gute Idee.

F Kannst du japanisch kochen, Daisuke?

D Ja. Und wer organisiert den Nachtisch?

F Vielleicht Johanna? Sie kann gut backen.

D Kann ich auch Erkan einladen?

F OK, dann könnt ihr Getränke einkaufen.

D Und was machst du eigentlich, Felix?

Übung 3a   変化表を埋めましょう。Ergänzen Sie.

	ich	du	er, sie, es	wir	ihr	sie, Sie
können						*können*

Übung 3b   挙げられた語を使い、隣の人と例にならって会話をしましょう。
Sprechen Sie den Dialog. Benutzen Sie die Wörter unten.

 Beispiel   Tennis spielen

→ ○ Kannst du gut Tennis spielen?

● Ja, ich kann gut Tennis spielen. / Nein, ich kann nicht gut Tennis spielen.

1) Fußball spielen   2) tanzen   3) kochen   4) Ski fahren   5) Rad fahren
6) schwimmen

Dialog 5 電話にて
Am Telefon

🎧 56

Erkan = E   Johanna = J

E Hallo, Johanna! Wie geht's?

J Hallo, Erkan … Moment … ich habe gerade keine Zeit. Kannst du mich später anrufen?

E Gut, dann rufe ich dich so gegen 18 Uhr an.

Dialog 6 会社にて
In der Firma

🎧 57

A Wir möchten Sie sehr gerne einladen.

B Das ist sehr nett.

A Sie können Ihren Partner gern mitbringen.

B Danke. Er macht gerade eine Dienstreise.

A Was macht Ihr Partner denn beruflich?

B Er ist Architekt.

Übung 4   50頁Übung 2a で作った文を Sie に書き換えてみましょう。
Schreiben Sie die Dialoge aus der Übung 2a in die Sie-Form um.

Grammatik

1 所有冠詞

この課では次の人称代名詞にかかわる所有冠詞を練習しました。

ich ☞ mein- 「私の」（＝英語の *my*）

du ☞ dein- 「君の」（＝英語の *your*）

Sie ☞ Ihr- 「あなたの、あなた方の」（＝英語の *your*）Ihr- の最初の文字は大文字です！

＊ドイツ語の冠詞は変化しますので後ろについている「-」は変化の可能性を表しています。

参考 他の人称代名詞と所有冠詞も見ておきましょう。

ich	du	er	sie （単数）	es	wir	ihr	sie （複数）	Sie
mein-	dein-	sein-	ihr-	sein-	unser-	euer-	ihr-	Ihr-
my	*your*	*his*	*her*	*its*	*our*	*your*	*their*	*your*

2 所有冠詞の 1 格と 4 格

この課では所有冠詞の 1 格と 4 格を学びました。

冠詞類は大きく二つのグループに分けられます。定冠詞類と不定冠詞類です。この課で習った所有冠詞は不定冠詞類にはいるので、変化も不定冠詞に準じます。ich にかかわる所有冠詞 mein-（私の）を例に見てみると、ein- に m を加えた変化になっていることがわかりますね。なお冠詞は変化しますので mein- の後ろの - は変化の可能性を表しています。

■ mein-

	m	f	n	Pl
1 格	mein	meine	mein	meine
4 格	meinen	meine	mein	meine

■ dein-

	m	f	n	Pl
1 格	dein	deine	dein	deine
4 格	deinen	deine	dein	deine

■ Ihr-

	m	f	n	Pl
1 格	Ihr	Ihre	Ihr	Ihre
4 格	Ihren	Ihre	Ihr	Ihre

＊所有冠詞の一覧は 93 頁を参照してください。

③ 人称代名詞の４格 Personalpronomen im Akkusativ

1 格	ich	du	wir	ihr	Sie
4 格	mich	dich	uns	euch	Sie

	m	f	n	Pl
1 格	er	sie	es	sie
4 格	ihn	sie	es	sie

人称代名詞を使ったときの語順に注意しましょう。

Ich lese heute Abend **ein Buch**.

Ich lese es heute Abend.　　　　　人称代名詞は動詞の後に置かれます。

④ 疑問詞の変化

1 格	wer
4 格	wen

○ Wer ist das?　　　● Das ist mein Bruder.

○ Wen rufst du an?　　● Ich rufe meinen Bruder an.

⑤ 助動詞 können

können「〜できる」（英語の助動詞 can にあたります）

ich	kann
du	kannst
er, sie, es	kann
wir	können
ihr	könnt
sie, Sie	können

助動詞の人称変化の特徴は、ich と三人称単数 er, sie, es が同じ形になることです。

　Ich kann gut Deutsch sprechen.

　Daisuke kann sehr gut Deutsch sprechen.

また依頼の意味でも使うことができます。

　Können Sie hier Ihre Adresse schreiben?

　ここにあなたの住所を書いてくれますか？

Lektion 9

この課で習うこと

パーティと贈り物
3格をとる動詞　人称代名詞と所有冠詞の3格
序数と日付の言い方（1）

SZENE 1

Dialog 1　バーベキューパーティにて
Auf der Grillparty　🎧 58

Daisuke = D　Johanna = J

D　Hallo, Johanna, wie geht es dir?

J　Hallo, Daisuke. Danke, gut. Kann ich dir helfen?

D　Gerne, kannst du mir den Teller mit Würstchen
geben?

J　Ja. ... Bitte schön.

D　Danke. Möchtest du etwas trinken? Da sind
Getränke. Das Wasser rechts ist still. Das
Wasser links ist mit Kohlensäure.

J　Hm ... ich möchte kein Wasser. Gehört die
Limonade vielleicht Felix?

D　Nein, die gehört ihm nicht.

J　Dann gehört sie bestimmt Alina.

D　Nein, ihr gehört die Cola da. Die Limonade ist für dich.

J　Danke. Was kann ich noch tun?

D　Kannst du Besteck und Gläser aus dem Haus holen? Ich muss hier bleiben,
aber Alina hilft dir bestimmt gerne.

Übung 1a　人称代名詞3格を使って、文を完成させましょう。
Ergänzen Sie die Personalpronomen im Dativ.

1) ○ Ist das dein Wasser?　　　　　● Ja, es gehört ＿＿＿＿＿.

2) ○ Gibst du Daisuke das Buch heute?　　● Ja, ich kann ＿＿＿＿ das Buch geben.

3) ○ Morgen mache ich eine Party.　　● Toll, kann ich ＿＿＿＿ helfen?

4) ○ Gehört die Tasche Martha?　　● Nein, sie gehört ＿＿＿＿ nicht.

Übung 1b　4課24頁のイラストに出てきたモノを使って、誰のものか周りの
人に聞いてみましょう。Fragen Sie Ihre Nachbarn. Benutzen Sie die
Gegenstände auf Seite 24.

1格	Wer?
3格	Wem?
4格	Wen?

○ Wem gehört die Tasche?　● Sie gehört mir.

....

月 Monate

März
April
Mai

Juni
Juli
August

September
Oktober
November

Dezember
Januar
Februar

序数と日付の言い方 Datum (1)

「何月何日に」というとき、まず日、それから月を言います。日にちは「〜番目の」（1-19: 〜 t, 20 以上: 〜 st）という順序を表す序数を使い、例えば「12 月 1 日に」ならば **am** ersten Dezember（am 1. 12. ）と表します。

	ersten	elften	einundzwanzigsten	
	zweiten	zwölften	zweiundzwanzigsten	
	dritten	dreizehnten	dreiundzwanzigsten	
	vierten	vierzehnten	vierundzwanzigsten	
	fünften	fünfzehnten	fünfundzwanzigsten	
am	sechsten	sechzehnten	sechsundzwanzigsten	Dezember
	siebten	siebzehnten	siebenundzwanzigsten	
	achten	achtzehnten	achtundzwanzigsten	
	neunten	neunzehnten	neunundzwanzigsten	
	zehnten	zwanzigsten	dreißigsten	
			einunddreißigsten	

Übung 1c 周りの人と対話しましょう。Fragen Sie und antworten Sie.

○ Wann hast du Geburtstag?　　● Ich habe am .... Geburtstag.

Übung 1d 会う日を相談する会話を聞いて、当てはまる人に印をつけましょう。　　🎧 59
Hören Sie und markieren Sie.

		Mann	Frau
am 6. Dezember	hat keine Zeit	☐	☐
am 17. Dezember	ist in Berlin	☐	☐
am 20. Dezember	arbeitet nicht	☐	☐

Dialog 2 通りにて
Auf der Straße 🎧 60

A Mein Enkelkind hat am 20. Geburtstag.
Ich möchte ihm ein Geschenk kaufen.

B Was wollen Sie denn Ihrem Enkelkind
schenken?

A Ich möchte ihm ein Computerspiel
schenken. Das kann nie falsch sein.

B Dann schenke ich meinem Enkelkind
auch ein Computerspiel.

 Dialog 3 二人の男子学生、学生食堂
にて 🎧 61
Zwei Studenten in der Mensa

A Sag mal, was kann ich meiner Freundin
zum Geburtstag schenken?
Was schenkst du so deiner Freundin?

B Wir gehen am Geburtstag immer
zusammen einkaufen.

A Na, da kann man nichts falsch machen.

Übung 2a 挙げられた単語を使って、例のように会話しましょう。Machen Sie Dialoge wie im Beispiel.

 Beispiel Vater — Geburtstag
○ <u>Mein Vater</u> hat <u>Geburtstag</u>.
● Du kannst <u>ihm</u> einen Regenschirm schenken.
○ Gute Idee. / Keine gute Idee.

1) meine Mutter — Geburtstag

2) meine Großeltern — Goldene Hochzeit

3) mein Cousin — Geburtstag

4) meine Eltern — Silberne Hochzeit

5) Frau Bauers Enkelkind — Geburtstag

 Teddy m

 Sonnenschirm m

 Bild n

 Vase f

Ohrringe Pl

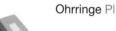 T-Shirt n

 Buch n

 Uhr f

Tasche f

Bonbons Pl

Übung 2b 例にならって質問と答えの文を作りましょう。
Schreiben Sie die Sätze nach dem Beispiel.

 Beispiel Freund — zum Geburtstag — Hemd n

○ Was schenkst du denn <u>deinem Freund</u> <u>zum Geburtstag</u>?
● <u>Meinem Freund</u> möchte ich gerne <u>ein Hemd</u> schenken.

1) Freundin — zum Geburtstag — Sonnenschirm m

2) Kind — zum Geburtstag — Schuhe Pl

3) Eltern — zum Hochzeitstag — Reise nach Wien f

4) Enkelkind — zum Geburtstag — Tasche f

5) Großeltern — zum Hochzeitstag — Wochenendreise f

Beispiel ▶ Freund — zum Geburtstag— Hemd n

○ Was schenken Sie denn <u>Ihrem Freund</u> <u>zum Geburtstag</u>?

● <u>Meinem Freund</u> möchte ich gerne <u>ein Hemd</u> schenken.

SZENE 3

Dialog 4

電話にて
Am Telefon 62

A Hallo, Sabine, wir möchten euch zur Grillparty am Samstag einladen.

B Oh, vielen Dank. Wir kommen gern. Können wir euch irgendwie helfen?

A Das ist nicht nötig. Mein Bruder kommt auch. Er hilft uns schon. Er besucht uns am Wochenende.

B Das ist schön. Dann lerne ich auch mal deinen Bruder kennen.

Dialog 5

買い物にて
Beim Einkaufen 63

Verkäuferin = V   Kunde = K

V Kann ich Ihnen helfen?

K Ja, gerne. Ich suche eine Vase. Meine Eltern feiern Silberne Hochzeit.

V Herzlichen Glückwunsch. Ich empfehle Ihnen die Vase hier.

K Die ist aber schön. Die gefällt mir gut.

V Und die gefällt Ihren Eltern sicher auch.

Übung 3a 下線部の人称代名詞を複数に変えて、全文を書いてみましょう。
Schreiben Sie die Sätze mit den markierten Personalpronomen im Plural.

1) Kannst du <u>mir</u> einen Computer empfehlen?

2) Ich möchte <u>dir</u> gerne helfen.

3) Wir möchten <u>dich</u> einladen.

4) Wann willst du <u>mich</u> besuchen?

Übung 3b 動詞を変化させて、文を完成させましょう。Ergänzen Sie.

helfen*			
Prima,	ich	helfe	dir.
	du	_____	mir.
	er	hilft	Ihnen.
	wir	_____	euch.
	ihr	_____	uns.
	sie	_____	euch.
	Sie	_____	uns.

geben*				
Gut,	ich	_____	dir	eine Vase.
	du	gibst	mir	
	er	_____	euch	
	wir	_____	Ihnen	
	ihr	_____	uns	
	sie	_____	euch	
	Sie	_____	uns	

Grammatik

1 ３格をとる動詞　Verben mit Dativ

　３格は「〜に」「〜において」を意味します。動詞の中には３格の目的語をとるものがあり、英語の間接目的語にあたります。３格をとる動詞には helfen, gefallen, gehören などがあります。

○ Kannst du mir helfen?　● Ja, ich[1] helfe dir[3].　動詞 helfen＋３格「〜[3]を手伝う、助ける」
　私を手伝って（助けて）くれる？　　はい、君を手伝う（助ける）よ。

Der Ring[1] gefällt mir[3]. Und die Ohrringe[1] gefallen mir[3] auch sehr gut.
この指輪は私の気に入っています。そしてこのイヤリングもとても気に入っています。

Der Regenschirm[1] gehört mir[3].　動詞 gehören＋３格「〜[3]に属する」
この傘は私のものです。（直訳は「この傘は私に属する」）

　＊なお、同じ内容を所有冠詞によって表現することもできます。

Das ist mein Regenschirm.　これは私の傘です。

○ Ist das deine Tasche?　● Ja, sie gehört mir[3].　これは君のバッグ？　そうです、私のです。

目的語を二つとる動詞もあります。geben、schenken など。

Ich gebe dir[3] das Buch[4].　動詞 geben「〜[3]に〜[4]を与える」
　君にこの本をあげる。

Ich schenke meiner Mutter[3] eine Tasche[4].　動詞 schenken「〜[3]に〜[4]を贈る」
　私はお母さんにバッグをプレゼントします。

動詞 geben, helfen は不規則変化動詞です。

	geben*	helfen*
ich	gebe	helfe
du	gibst	hilfst
er, sie, es	gibt	hilft
wir	geben	helfen
ihr	gebt	helft
sie, Sie	geben	helfen

2 人称代名詞の３格　Personalpronomen im Dativ

　人称代名詞の３格は以下のようになります。8 課で学んだ４格とも比べておきましょう。wir, ihr については３格、４格が同じ形になります。

1 格	ich	du	er	sie（単数）	es	wir	ihr	sie（複数）	Sie
3 格	mir	dir	ihm	ihr	ihm	uns	euch	ihnen	Ihnen
4 格	mich	dich	ihn	sie	es	uns	euch	sie	Sie

○ Wie geht es Ihnen³?　　● Es geht mir³ gut.
○ Wie geht es dir³?　　　● Es geht mir³ nicht so gut.
Ich schenke ihr³ Rosen⁴.　彼女にバラをプレゼントする。

3 所有冠詞の3格　Deklinationen der Possessivpronomen im Dativ

52 頁でみたように所有冠詞は不定冠詞類ですので、変化語尾は次のようになります。

	m	f	n	Pl
不定冠詞3格	einem	einer	einem	
3格の語尾	-em	-er	-em	-en

mein-, dein-, Ihr- の変化をまとめておきましょう。

3格 mein-	meinem	meiner	meinem	meinen
3格 dein-	deinem	deiner	deinem	deinen
3格 Ihr-	Ihrem	Ihrer	Ihrem	Ihren

mein- を例に、 8課で学んだ1格と4格を合わせてみてみましょう。

	m	f	n	Pl
1格	mein	meine	mein	meine
3格	meinem	meiner	meinem	meinen
4格	meinen	meine	mein	meine

4 序数と日付の言い方（1）

日にちは「〜番目の」という順序を表す序数を使います。序数は基数に次の語尾を加えて作ります：
1-19: 〜 t, 20 以上：〜 st
不規則な変化に注意　eins → erst, drei → dritt, sieben → siebt, acht → acht
「何月何日に」というとき、まず日、それから月を言います。
「12 月 1 日に」 **am** erst**en** Dezember（ am 1. 12. ）
「12 月 24 日に」**am** vierundzwanzigst**en** Dezember（ am 24. 12. ）

5 疑問詞の変化

1格	wer
3格	wem
4格	wen

○ Wer¹ ist das?　　　　　　　● Das ist mein Bruder¹.
○ Wem³ gehört das Auto hier?　● Es gehört meinem Bruder³.
○ Wen⁴ suchst du?　　　　　　● Ich suche meine Schwester⁴.

天気 Das Wetter

sonnig
Sonne f

bewölkt
Wolke f

windig
Wind m

Es regnet.
Regen m

Es schneit.
Schnee m

Es gewittert.
Gewitter n

-2°C		18°C	24°C	28°C
kalt	kühl	warm	heiß	

SZENE 1

天気予報を聞いて、天気と気温を書き込みましょう。Hören Sie den Wetterbericht und schreiben Sie das Wetter und die Temperaturen in die Karte. 🎧 64

Im Norden

_____

_____°C

Im Westen

_____

_____°C

Im Osten

_____

_____°C

In den Alpen

_____

_____°C

Im Süden

_____

_____°C

Übung 天気予報をもう一度聞きましょう。今日の天気はどうなりますか？ 🎧 64
Hören Sie den Wetterbericht noch einmal. Wie wird das Wetter heute?

1) im Westen

2) im Osten

3) im Süden

4) im Norden

Dialog 11月に
Im November

🎧 65

A Heute ist es endlich schön! Es regnet nicht mehr!

B Ja, im November regnet es oft in Deutschland.

A In Japan regnet es im Juni sehr oft.

B Ach so. Ist das Wetter dann im November schön?

A Ja, es ist oft sonnig und angenehm kühl.

Übung **b** 挙げられた天気を一回ずつ使って、文を完成させましょう。
Beschreiben Sie das Wetter mit folgenden Wörtern.

| bewölkt / heiß / kalt / sonnig / warm + sein | regnen | gewittern |

1) Nachmittags _____ vielleicht. Deshalb brauchen wir einen

Regenschirm.

2) Am Wochenende _____ _____ und _____. Wir können ein Picknick

machen.

3) _____ _____ heute Abend. Dann können wir leider keine Grillparty machen.

4) _____ _____. Gehen wir ein Eis essen?

5) Morgens und abends _____ noch _____.
Du musst deinen Pullover mitnehmen.

6) Du brauchst keinen Sonnenschirm. _____ _____ _____.

──── 季節 Jahreszeiten

im Frühling　　　im Sommer　　　im Herbst　　　im Winter

Übung **c** 下線部に季節を補いましょう。Ergänzen Sie die Jahreszeiten.

○ Was kann man _____ machen?

● Man kann rote Ahornblätter sehen.

○ Was kann man _____ machen?　● Man kann gut Ski fahren.

○ Was kann man _____ machen?　● Man kann gut schwimmen.

○ Was kann man _____ machen?　● Man kann die Kirschblüte sehen.

Lektion 10

「どこで」と「どこへ」
定冠詞の３格　３格・４格をとる前置詞　主文と副文
従属の接続詞（1）

場所に関する前置詞 Lokale Präpositionen

Wo ist die Maus?　　in　　auf　　über

unter

vor　　hinter　　zwischen　　neben　　an

SZENE 1

間取りプランナー・アプリ
Raumplaner App

Was sagt die App?

🎧 66

Uhr f　Kalender m　Wand f
Regal n
Computer m
Lampe f
Tablet n
Tisch / Schreibtisch m
Abfalleimer m
Teppich m
?
Drucker m
Stuhl m

Übung ❶ 何をどこに置くか、App はどんな提案をしているでしょう？　SZENE 1 を聞いて、前置詞を補いましょう。Welche Voschläge macht die App? Hören Sie und ergänzen Sie die Präpositionen.

1) Stellen Sie die Lampe _____ den Tisch.

2) Stellen Sie den Computer _____ die Lampe, und nicht _____ die Lampe.

3) Hängen Sie die Uhr _____ die Wand und _____ den Tisch.

4) Hängen Sie den Kalender _____ die Uhr.

5) Stellen Sie den Abfalleimer _____ den Tisch und das Regal.

6) Legen Sie den Teppich _____ den Tisch.

7) Legen Sie die Bücher nicht _____ den Tisch.

8) Stellen Sie die Bücher _____s Regal.

9) Stellen Sie den Stuhl _____ den Tisch.

10) Legen Sie das Tablet _____s Regal.

Wohin? 場所に関して「どこへ wohin」を表すとき

in, auf, über, unter, vor, hinter, zwischen, neben, an + 4 格

in + das = ins   an + das = ans   この組み合わせでは前置詞と冠詞が一語になります。
これを「縮約形」といいます。

Wo? 場所に関して「どこに wo」を表すとき

in, auf, über, unter, vor, hinter, zwischen, neben, an + 3 格

in + dem = im   an + dem = am   この組み合わせでは前置詞と冠詞が一語になります。これを「縮約形」といいます。

定冠詞 3 格は次のようになります。Bestimmter Artikel im Dativ

	m	**f**	**n**	**Pl**
定冠詞 3 格	dem	der	dem	den

SZENE 2

ダイスケの部屋
Daisukes Zimmer

 67

SZENE 1 では App が何をどこへ置くか、つまり「wohin?」を提案していました。その結果、ダイスケの部屋では、何がどこに「wo?」にあるでしょう？　会話を聞いて、文を完成させましょう。
定冠詞の 3 格または前置詞と定冠詞 3 格の融合形を使います。Wo ist jetzt was? Ergänzen Sie.

Daisuke = D   Felix = F

F Hallo, Daisuke. Oh, dein Zimmer sieht jetzt gut

aus.

D Ja, die Lampe steht auf _____ Tisch. Der

Computer steht vor _____ Lampe, und nicht

hinter _____ Lampe. Die Uhr hängt an _____

Wand.

F Und über _____ Tisch. Und wo ist der

Kalender?

D Der Kalender hängt unter _____ Uhr, nicht neben _____ Uhr.

F Schön. Der Abfalleimer steht zwischen _____ Tisch und _____ Regal.

D Unter _____ Tisch liegt kein Teppich. Ich habe keinen Teppich, leider.

F Gut, gut. Die Bücher stehen _____ Regal und das Tablet liegt auch _____ Regal.

D Sieh mal. Der Stuhl steht _____ Tisch.

F Warum steht der Drucker hinter _____ Abfalleimer? Das finde ich nicht gut.

D Meinst du? Aber das ist praktisch!

他動詞 transitive Verben	自動詞 intransitive Verben
hängen —	hängen
stellen —	stehen
legen —	liegen

Übung 2a 動詞を補いましょう。Ergänzen Sie.

1) Daisuke _____ die Lampe auf den Tisch. Die Lampe _____ jetzt auf dem Tisch.

2) Daisuke _____ die Uhr an die Wand. Die Uhr _____ jetzt an der Wand.

3) Daisuke _____ das Tablet ins Regal. Das Tablet _____ jetzt im Regal.

Übung 2b SZENE 1, SZENE 2 に従って、前置詞と定冠詞を補いましょう。
Ergänzen Sie nach Szene 1 und 2.

1) Daisuke stellt den Computer _____ Lampe, nicht _____ Lampe.

2) Der Stuhl steht _____ Tisch. Die Bücher stehen _____ Regal.

3) Die App sagt, „Hängen Sie den Kalender _____ Uhr.", aber Daisuke hängt

ihn _____ _____ Uhr.

4) Daisuke legt leider keinen Teppich _____ _____ Schreibtisch.

5) _____ _____ Tisch und _____ Regal steht der Abfalleimer. Und er steht

_____ _____ Drucker.

SZENE 3

Dialog バーベキューパーティについて
Über die Grillparty 🎧 68

Daisuke = D   Johanna = J

J Wir feiern deinen Geburtstag am Wochenende im Garten.

D Ich hoffe, dass das Wetter gut ist. Was machen wir, wenn das Wetter schlecht ist?

J Wenn es regnet, bringen wir die Stühle und die Tische auf die Terrasse.

D Aha. Aber was machen wir, wenn es windig ist?

J Wenn es windig ist, stellen wir den Grill an die Wand.

D OK. Und was passiert, wenn es zu kalt ist?

J Wir tanzen vor dem Grill, wenn es zu kalt ist.

D Was kann ich machen, wenn ich nicht tanzen will und die Leute nicht grillen wollen?

J Ach, Daisuke. Wenn du nicht sofort ruhig bist, gibt es keine Party.

wenn（もし〜ならば、〜の場合）で導かれる文は、副文です。副文は条件などを述べて、主文を補足します。その際、主役の文章である「主文」を先にするのか、それとも「副文」を先にするのかによって語順が影響を受けます。

Wir stellen den Grill an die Wand, **wenn** es windig ist.
　　　　　　主文　　　　　　　　　　　　　　副文

Wenn es windig ist, stellen wir den Grill an die Wand.
　　　副文　　　　　　　　　主文

副文は先に置かれても、後に置かれても、副文内では常に定動詞が最後にきます。しかし主文は、後に置かれた場合には定動詞から始まります。

dass で導かれる文も副文です。なお dass は英語の接続詞 *that* にあたります。

Ich hoffe, **dass** das Wetter gut ist.

なお wenn や dass を「従属の接続詞」といいます。

Übung 3a 挙げられた単語を使って 1), 2) には wenn で始まる副文を、3), 4) には主文を加えましょう。動詞は適切な形に変化させること。Ergänzen Sie die Nebensätze mit „wenn" oder die Hauptsätze.

1) Ich gehe am Wochenende ins Kino, wenn ...　（ Zeit / haben / ich ）

2) Die Grillparty findet statt, wenn ...　（ es / regnen / nicht / morgen ）

3) Wenn du Lust hast, ...　（ nach Berlin / zusammen / fahren / wir / können ）

4) Wenn das Wetter schlecht ist, ...　（ in der Sporthalle / stattfinden / das Konzert ）

Übung 3b 挙げられた文を dass で導かれる文に書き換えましょう。
Ergänzen Sie die Nebensätze mit „dass".

1) Wir hoffen, dass ...　（ Es regnet morgen nicht. ）

2) Die Mutter hofft, dass ...　（ Die Kinder räumen jeden Tag das Zimmer auf. ）

3) Ich hoffe, dass ...　（ Deine Freundin ruft dich bald an. ）

Übung 3c Was machst du, wenn ...?「もし〜だったら、何をする？」 挙げられた文（条件と答え）を自由に組み合わせて、例のように会話しましょう。Sprechen Sie Dialoge wie im Beispiel.

Beispiel　○ Was machst du, wenn du viel Zeit hast?
　　　　　● Wenn ich viel Zeit habe, lese ich. / Ich lese, wenn ich viel Zeit habe.

条件 wenn ...　Du hast viel Zeit.
　　　　　　Es ist kalt.
　　　　　　Der Sommer kommt.

答え Antworten

Ich lese Mangas.	Ich trage einen Pullover.	Ich gehe schwimmen.
Ich treffe meinen Freund.	Ich spiele Fußball.	Ich trinke einen Tee.
Ich rufe meine Freundin an.	Ich gehe ins Kino.	Ich esse ein Eis.

Grammatik

定冠詞の３格、３格・４格をとる前置詞、主文と副文、従属の接続詞（1）

1 定冠詞の３格

不定冠詞の３格と比べましょう。

	m	f	n	Pl
定冠詞３格	dem	der	dem	den
不定冠詞３格	einem	einer	einem	

2 場所に関する前置詞の用法

前置詞には、何格と結びつくのか固定されているものの他に、３格または４格をとる前置詞があります。

３格・４格をとる前置詞

in, auf, über, unter, vor, hinter, zwischen, neben, an などの場所に関する前置詞は

「どこに Wo」を表すときは ＋３格 Der Computer steht **auf** dem Tisch[3].
コンピューターは机の上にある。

「どこへ Wohin」を表すときは ＋４格 Ich stelle den Computer **auf** den Tisch[4].
私はコンピューターを机に置く。

対応する動詞を知っていると便利です。

	Wohin	Wo
	他動詞 transitive Verben	自動詞 intransitive Verben
	hängen　—	hängen

Ich hänge den Kalender an die Wand.　　Der Kalender hängt an der Wand.
壁にカレンダーを掛ける。　　カレンダーは壁にかかっている。

　　　　　　　　　stellen　—　stehen

Ich stelle die Bücher ins Regal.　　Die Bücher stehen im Regal.
本を棚に立てる。　　本は棚に（立てた状態で）ある。

　　　　　　　　　legen　—　liegen

Ich lege die Zeitschrift auf den Tisch.　　Die Zeitschrift liegt auf dem Tisch.
雑誌を机の上に置く。　　雑誌は机の上に（横にした状態で）ある。

3 接続詞 dass

英語の *that* 節にあたりますが、dass 節の中では定動詞が後置されます。

Du besuchst mich morgen.

☞ Schön, dass du mich morgen besuchst.

　(Es ist schön, dass du mich morgen besuchst.)

Du **räumst** jetzt dein Zimmer auf.　定動詞が分離動詞の場合

☞ Schön, dass du jetzt dein Zimmer auf**räumst**.

　(Es ist schön, dass du jetzt dein Zimmer auf**räumst**.)

Ich **kann** deinen Drucker haben.　助動詞が使われている場合

☞ Danke, dass ich deinen Drucker haben **kann**.

　(Ich danke dir, dass ich deinen Drucker haben **kann**.)

4 主文と副文　Hauptsatz und Nebensatz

　副文とは接続詞で導かれる文のことで、主役の文章「主文」を補足します。副文の中では常に定動詞が文末に置かれ、主文と副文の間はコンマ（ , ）で区切られます。

　主文は、副文の後に置かれた場合には定動詞から始まり、主文であることを主張します。

Wir machen einen Ausflug, wenn das Wetter schön ist.
　　　　主文　　　　　　　　　　　副文

Wenn das Wetter schön ist, machen wir einen Ausflug.
　　　　副文　　　　　　　　　　　主文

　wenn は「もし〜ならば」「〜の場合」を意味します。wenn で導かれる文章は、条件や補足説明を加える「副文」として「主文」に従属しているので、このような接続詞を「従属の接続詞」と呼んでいるのです。なお dass も従属の接続詞です。

5 動詞 stattfinden

　催しなどが行われることを表現する分離動詞です。日本語では「〜[1] が開催される、行われる」と訳しますが、受動態ではありません。

Die Grillparty[1] **findet** im Garten statt.　バーベキューパーティは庭で行われます。

6 Sie に対する「〜しなさい」「〜してください」

　SZENE 1 家具の配置についての App の提案は Stellen Sie ..., Legen Sie ..., Hängen Sie ... という形をとっています。これは「〜しなさい」「〜してください」という Sie に対する命令形です。bitte を加えると丁寧になります。

Hängen Sie bitte die Uhr an die Wand.　時計を壁に掛けてください。

bitte は文の最初や最後に加えることもできます。

Lektion 11

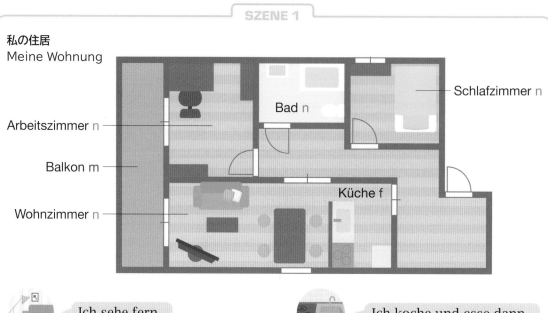

この課で習うこと →

家と大学でしたこと
現在完了（1） haben の過去形
従属の接続詞（2）weil
müssen, können の過去形

SZENE 1

私の住居
Meine Wohnung

Schlafzimmer n

Bad n

Arbeitszimmer n

Balkon m

Wohnzimmer n

Küche f

Ich sehe fern.

Ich koche und esse dann.

Ich schlafe gut.

Ich dusche.

Ich schreibe eine Hausarbeit.

Ich trinke einen Kaffee.

Was hast du gemacht? 「何をしましたか？」

1）～ 6）それぞれの部屋に合う文を右に挙げられた文から選び、書き入れましょう。
Ordnen Sie zu und schreiben Sie die Sätze.

1) _____

Ich habe eine Hausarbeit geschrieben.

2) _____

Ich habe geduscht.

3) _____

Ich habe gekocht und dann gegessen.

4) _____

Ich habe einen Kaffee getrunken.

5) _____

Ich habe ferngesehen.

6) _____

Ich habe gut geschlafen.

現在完了形 Perfekt (1)

ドイツ語では過去の出来事の叙述に、もっぱら現在完了形が使われます。そのため重要な時制です。

現在形　　Ich lerne jeden Tag Deutsch.

現在完了形　Ich $\boxed{habe}$ jeden Tag Deutsch $\boxed{gelernt}$. ⚠語順に注意！ 過去分詞は必ず文末にきます。

現在完了の作り方の基本　$\boxed{haben\ の現在形}$ ＋ $\boxed{過去分詞}$

過去分詞の作り方

☆基本の作り方　ge ＋ 動詞の語幹 ＋ t　　　lernen ⇒ lern|en ⇒ **gelernt**

☆t ではなく en で終わる強変化型の不規則変化　schreiben ⇒ geschrieben

☆ ge － t だけれど不規則な変化が含まれる混合型　bringen ⇒ gebracht

☆分離動詞の場合　aufräumen ⇒ aufräum|en ⇒ auf**ge**räm**t**

Übung ❶　SZENE 1 のイラストをみて、隣の人と会話しましょう。
Zeigen Sie auf die Illustration und machen Sie Dialoge wie im Beispiel.

Beispiel　im Wohnzimmer

○ Was hast du da gemacht? (イラストの居間を指さしながら)

● Im Wohnzimmer habe ich ferngesehen.

1) im Schlafzimmer　　2) im Arbeitszimmer　　3) im Bad

4) in der Küche　　　　5) auf dem Balkon

SZENE 2

Dialog 1　家にて
Zu Hause　　　　　　　　　　　　　　　　　🎧 69

A Ich finde den Schlüssel nicht. Ich habe ihn doch auf den Tisch gelegt.

B Den habe ich neben die Tür gehängt.

A Ach so. Und wo ist mein Smartphone? Weißt du das auch?

B Du hast das doch auf das Bett gelegt. Ist das da nicht mehr?

A Nee. ... Ach, ich weiß! Ich habe es schon in die Tasche gelegt.

Übung ❷　引っ越しの後それぞれ何をしたか、例にならって現在完了形の文を作りましょう。
Nach dem Umzug. Schreiben Sie die Sätze im Perfekt.

Beispiel　Wir / in die Küche / stellen / den Kühlschrank
　　　　→ Wir haben den Kühlschrank in die Küche gestellt.

1) Meine Freundin / den Computer / stellen / ins Arbeitszimmer

2) Meine Mutter / ins Bad / hängen / die Handtücher

3) Ich / in die Küche / legen / die Mülltüten

4) Mein Vater / den Teppich / legen / ins Wohnzimmer

Tuch n, Tücher pl

Tüte f, Tüten pl

Dialog 2

キャンパスにて
Auf dem Campus

70

A Hattest du heute schon das Seminar?

B Ja, ich habe ein Referat gehalten.

A Was hat der Professor gesagt?

B Mein Referat hat ihm gefallen, glaube ich. Alle haben das gut verstanden und wir haben viel diskutiert.

A Schön. Übrigens, hast du schon die Hausaufgaben für Deutsch gemacht?

B Oh, die habe ich total vergessen. Gestern hatte ich keine Zeit, weil ich doch einen Computerkurs besucht habe.

過去分詞に ge- がつかない動詞

☆ be-, ent-, emp-, er-, ge-, miss-, ver-, zer- で始まる動詞。なお、これらアクセントのない前つづりを持つ動詞を非分離動詞といいます。　ver'stehe ⇒ ver + ~~ge~~standen ⇒ verstanden

☆ -ieren で終わる動詞　　　　studieren ⇒ ~~ge~~studiert　　⇒ studiert

Übung 3a　挙げられた語を使って答えの文を作りましょう。Schreiben Sie die Antworten.

1) Mit wem hast du telefoniert?　(mit meiner Mutter)

2) Was hat dein Bruder studiert?　(Germanistik)

3) Wen hast du am Wochenende besucht?　(meine Großeltern)

4) Was hast du heute vergessen?　(mein Smartphone)

5) Habt ihr das Perfekt verstanden?　(Ja)

---

haben の過去形

動詞 haben は haben とともに現在完了を作ります。ただ用途が異なるとはいえ、同じ文の中で二回使われることになるので、すっきりする過去形が好まれます。

Ich habe keine Zeit.　→　Ich habe keine Zeit gehabt.　現在完了形

　　　　　　　　　　→　Ich hatte keine Zeit.　　　　過去形

■ haben の過去人称変化

ich	du	er, sie, es	wir	ihr	sie, Sie
hatte	hattest	hatte	hatten	hattet	hatten

▶ 過去形は -te で終わるのが基本形で、ich と三人称単数 (er, sie, es) が同形になるのが特徴です。

Übung 3b　動詞 haben の過去形を補いましょう。Ergänzen Sie das Verb „haben" im Präteritum.

1) Ich _____ heute noch kein Frühstück.

2) Meine Eltern _____ 1998 das erste Auto.

3) Mein Bruder _____ mit 16 die erste Freundin.

4) _____ du heute Deutsch?

5) _____ ihr heute schon das Seminar?

Chat

Ich habe dich gestern auf der Party vermisst.

Ich konnte nicht kommen, weil ich keine Zeit hatte.

Ich habe dich den ganzen Abend gesucht.

Tut mir leid, aber ich musste eine Hausarbeit schreiben.

Wann musst du abgeben?

Morgen bei Professor Lehmann.

Lehmann? Wir mussten doch heute abgeben ...

---

können と müssen の過去形

	ich	du	er, sie, es	wir	ihr	sie, Sie
können	konnte	konntest	konnte	konnten	konntet	konnten
müssen	musste	musstest	musste	mussten	musstet	mussten

Übung 4a 助動詞 „können" または „müssen" の過去形を補いましょう。
Ergänzen Sie die Modalverben „können" und „müssen" im Präteritum.

○ Daisuke hatte am Wochenende Geburtstag, aber ich _____ nicht zur Party
kommen, weil ich für einen Test lernen _____ .

● Wir haben dich vermisst. Leider _____ wir nicht grillen, weil es stark geregnet
hat.

○ _____ ihr nicht auf der Terrasse grillen?

● Nein, wir _____ leider in den Partyraum gehen.

○ Dann _____ du keine Würste essen? Schade.

● Doch, wir hatten da eine Küche. Da _____ wir Würste braten.

Übung 4b 挙げられた文を使って、weil「なぜなら」で導かれる答えの文（過去形または現在完了形）
を作りましょう。そして周りの人と対話しましょう。Machen Sie Interviews.

1) Warum konntest du nicht zum Seminar kommen?
2) Warum konntest du nicht die Hausarbeit abgeben?
3) Warum musstest du gestern früh nach Hause fahren?
4) Warum hast du mich nicht angerufen?
5) Warum konntest du nicht zum Unifest kommen?

> Ich muss jobben. / Ich muss einen Computerkurs besuchen. / Ich muss meinen
> Großvater im Krankenhaus besuchen. / Ich muss meiner Mutter helfen. / Die Bahn
> hat einen Unfall. / Ich muss eine Hausarbeit schreiben. / Ich vergesse es.

Grammatik

現在完了（1）、haben の過去形、können / müssen の過去形、
従属の接続詞（2）weil

1 現在完了 Perfekt (1)

英語の現在完了形は動作の完了や過去の経験、状態の継続を表しましたが、ドイツ語では過去の出来事の叙述に現在完了形を使うのが一般的です。

現在完了の作り方の基本は　| haben の現在形 | ＋ | 過去分詞 |

これが定動詞　　いつも文末

現在形　　　Ich kaufe ein Wörterbuch.

現在完了形　Ich | habe | ein Wörterbuch | gekauft |. 私は辞書を買いました。

英語と異なり、gestern などの過去を表す単語も完了形の中で使います。

Ich | habe | gestern ein Wörterbuch | gekauft |. 私は昨日、辞書を買いました。

● 過去分詞は文末に置かれます。なお定動詞は haben です。

● 過去分詞の作り方の基本は　**ge** ＋ 動詞の語幹 ＋ **t**

不規則変化の過去分詞には t ではなく en で終わる強変化型や e － t で挟まれているけれど不規則に変化する混合型があります。また分離動詞では過去分詞のあたまに前つづりを置きます。

☆規則変化　　lernen　　　　⇒ lern|en　　　⇒ **ge**lernt

☆不規則変化　schreiben　　　　　　　　　⇒ **ge**schrieben

　　　　　　　bringen　　　　　　　　　　⇒ **ge**bracht

☆分離動詞　　aufräumen ⇒ aufräum|en ⇒ auf**ge**räumt

　　　　　　　fernsehen ⇒　　　　　　　⇒ fern**ge**sehen

定動詞 2 番目の法則はここでも重要、そして過去分詞は常に文末にきます。

Wir | haben | in der Schule Deutsch | **ge**lernt |. 私たちは学校でドイツ語を習った。

Eva | hat | einen Brief | **ge**schrieben |. エーファは一通の手紙を書いた。

Der Vater | hat | die Tochter zum Bahnhof | **ge**bracht |. 父親は娘を駅まで送った。

| Hast | du schon dein Zimmer | auf**ge**räum**t** |? 君の部屋をもう片づけたかい？

Gestern | haben | wir gar nicht | fern**ge**sehen |. 昨日はまったくテレビを見なかった。

● 過去分詞に ge- がつかない動詞

★ -ieren で終わる動詞

studieren　　　　　　　　⇒ studiert

★非分離の前つづり be-, ent-, emp-, er-, ge-, miss-, ver-, zer- で始まる動詞

verstehen　　　　　　　　⇒ verstanden

7 課で学んだ前つづりは分離しましたが、これらの前つづりは基本の動詞にくっついたままです。また、アクセントも置かれません。これらの前つづりを持つ動詞を「非分離動詞」といいます。

現在形　　　Ich verstehe dich. 君の言うことはわかる。

現在完了形　Ich | habe | dich | verstanden |. 君の言うことはわかった。

2 haben の過去形

動詞 haben は haben とともに現在完了を作りますが、二通りの用途で haben が重複して使われることになります。そのため、すっきりする過去形が好まれます。

Ich habe keine Zeit. 時間がない

過ぎ去ったこととして「時間がなかった」と言いたいとき、方法は二つあります。

→ Ich hatte keine Zeit. 過去形
→ Ich habe keine Zeit gehabt. 現在完了形

この habe は現在完了形を作るためのお助け動詞です！

ich	**hatte**
du	hattest
er, sie, es	**hatte**
wir	hatten
ihr	hattet
sie, Sie	hatten

＊過去形は -te で終わるのが基本形で、ich と三人称単数 er, sie, es が同形になります。

3 助動詞 können と müssen の過去形

8 課で学んだ können「～できる」、7 課で学んだ müssen「～しなければならない」の過去形の変化は次のようになります。

	können	müssen
ich	**konnte**	**musste**
du	konntest	musstest
er, sie, es	**konnte**	**musste**
wir	konnten	mussten
ihr	konntet	musstet
sie, Sie	konnten	mussten

＊ 助動詞では、現在形でも過去形でも ich と三人称単数 er, sie, es が同じ形になります。
Felix konnte nicht zur Party kommen. Ich konnte auch nicht kommen. Er musste die Seminararbeit schreiben. Und ich musste für die Prüfung lernen.

4 従属の接続詞 (2)

weil は理由を述べる接続詞で、英語の *because* にあたります。weil で導かれる文章は副文ですので、定動詞が最後に置かれます。10 課でみた主文と副文に注意しましょう。

Gestern konnte ich nicht zur Party kommen, **weil** ich für die Prüfung lernen musste.
試験勉強をしなければならなかったので、昨日私はパーティに行けなかった。

Weil Felix die Seminararbeit schon abgegeben hat, muss er heute nicht zur Uni gehen. フェーリクスはゼミレポートをすでに提出したので、今日は大学に行かなくてよい。

(参考) なお従属の接続詞には weil、10 課でみた wenn, dass の他に次のようなものがあります： da（～なので）、obwohl / obgleich（～にもかかわらず）、während（～している間に）、nachdem（～した後）、bevor（～する前）、als（～したとき）など。

Lektion 12

この課で習うこと → 週末にしたこと　休みの計画
現在完了 (2)　sein の過去形　日付の言い方 (2)
動詞 werden　比較級と最上級

SZENE 1

Dialog 1　月曜日に
Am Montag　🎧 72

A　Was hast du am Wochenende gemacht?

B　Ich bin nach St. Moritz gefahren.

A　Oh, du bist in die Schweiz gefahren.

B　Ja, ich bin Ski gefahren. Und du?

A　Meine Schwester ist gekommen. Wir sind in die Stadt gefahren und ins Kino gegangen.

B　Habt ihr auch den Weihnachtsmarkt besucht?

A　Ja, natürlich.

▶ 場所に関する前置詞 in : wohin + 4格: in die Schweiz fahren, ins Kino gehen, in die Stadt gehen

現在完了形 Perfekt (2)

sein の現在形 + 過去分詞 となる現在完了形
次の動詞は sein とともに完了形を作ります。
① 場所の移動を表す自動詞　kommen, gehen, fahren ...
② 状態の変化を表す自動詞　werden ...
③ sein, bleiben

◆なお haben, sein のどちらと結びついて完了形を作るのかは、動詞によってもともと決まっています。辞書の表記は「haben 支配 (h)」「sein 支配 (s)」

Übung 1a　テキストを聞いて、現在完了の文を完成させましょう。過去分詞は挙げられたものから選ぶこと。ただし 2 回使うものがあります。Hören Sie und ergänzen Sie. 🎧 73

aufgestanden / gefahren / gegangen / geworden / hingefallen

Was ist denn passiert?

Also, ich _____ gestern um acht Uhr _____ und _____ mit dem Motorrad nach Düsseldorf _____. Ich _____ ins Museum _____. Ich habe die Zeit total vergessen. Dann _____ abends das Wetter schlecht _____. Ich _____ zu schnell _____ und _____ _____. Ich hatte aber Glück. Die Leute haben mir geholfen.

Übung 1b　挙げられた語を使って、隣の人と会話しましょう。Machen Sie Dialoge wie im Beispiel.

Beispiel　um neun Uhr aufstehen + meine Großeltern besuchen
　→ ○ Was hast du am Wochenende gemacht?
　　● Ich bin um neun Uhr aufgestanden und ich habe meine Großeltern besucht.

1) um zehn Uhr aufstehen + mit Freunden den Weihnachtsmarkt besuchen

2) Deutsch lernen + ins Kino gehen　　　3) nach Bern fahren + Freunde besuchen

Dialog 2 月曜日、大学にて
Am Montag in der Uni

🎧 74

A Wo warst du denn am Wochenende?

B Oh, ich war in Berlin.

A Das ist ja toll. Warst du auch im Museum?

B Nein, ich war bei einer Freundin.

A Ach, du hast eine Freundin in Berlin?

B Ja, sie studiert Architektur und macht gerade ein Praktikum bei einem Architekten.

A Oh, schön.

---

sein の過去形

動詞 sein は sein とともに現在完了形を作ります。ただ用途が異なるとはいえ、同じ文の中で二回使われることになるので、すっきりする過去形が好まれます。

Ich bin in Berlin. → Ich bin in Berlin gewesen.　現在完了形
→ Ich war in Berlin.　　　過去形

■ sein の過去人称変化

ich	du	er, sie, es	wir	ihr	sie, Sie
war	warst	war	waren	wart	waren

▶ sein は特殊な変化をしますが、やはり ich と er, sie, es 三人称単数は同形です。

Übung 2a 動詞 sein の過去形を補いましょう。Ergänzen Sie das Verb „sein" im Präteritum.

1) Wo _____ du gestern?

2) Meine Eltern _____ hier glücklich.

3) _____ ihr schon einmal in Europa?

4) Tim _____ gestern bei Max.

5) Ich _____ noch nie in Japan.

6) Letztes Jahr _____ wir in Rom.

日付の言い方 Datum (2)

1格を用いて「何日は」というとき、語尾変化は次のようになります。
Heute ist der erste Dezember.（der 1. 12.）
以下 **der** zweite, **der** dritte, **der** vierte, **der** fünfte, **der** sechste ... となります（9課参照）。

Übung 2b 手持ちのカレンダーを使って、例のように会話練習してみましょう。
Sehen Sie auf Ihren Kalender und machen Sie Dialoge wie im Beispiel.

Beispiel ○ Der Wievielte war Montag?　● Montag war der 20.

Dialog 3

母を訪ねる
Besuch bei der Mutter

🎧 75

Tochter = T   Mutter = M

T   Hallo! Wie geht es dir denn?

M   Danke, besser. Es ist plötzlich kalt geworden.

T   Du bist vielleicht deshalb krank geworden.

M   Ja, leider. Oh, da ist ja Jörg. Der ist aber groß geworden.

T   Ja, im August wird er fünf.

M   Ich weiß. Will er auch Informatiker werden wie sein Vater?

T   Nein, im Moment will er Koch werden.

werden「〜になる」の現在人称変化

ich	du	er, sie, es	wir	ihr	sie, Sie
werde	wirst	wird	werden	werdet	werden

▶ werden の過去分詞は geworden で、sein とともに完了形を作ります。

Übung   右から適切な文の続きを選んで、1）〜 4）を完成させましょう。Ordnen Sie zu.

1）Es wird   du fit.

2）Nach dem Studium werde   kalt und windig.

3）Durch viel Sport wirst   wir alle krank.

4）Bei der Kälte werden   ich Lehrer.

Übung   Übung ③a で作った文章を現在完了形に書き換えましょう。
Schreiben Sie die Sätze aus 3a im Perfekt.

Dialog 4

講義の前
Vor der Vorlesung

🎧 76

A   Wohin fährst du in den Ferien?

B   Ich fahre gern Ski. Deshalb fahre ich am liebsten in die Schweiz.

A   Ich fahre lieber nach Spanien. Dort ist es wärmer als in Deutschland.

B   Ja, im Winter ist es dort vielleicht am wärmsten in Europa.
    Aber der Urlaub in Spanien ist am besten im Sommer, finde ich.

A   Jedenfalls wird es nicht so kalt wie in Deutschland.

B   Aber ich mag es, wenn es ein bisschen kälter ist.

A   Und du brauchst Schnee. In den Alpen schneit es am meisten.

Übung 4a Dialog 4 には副詞の比較級と最上級が含まれています。これらを抜き出して次の表を埋めてみましょう。Ergänzen Sie die Tabelle.

	比較級 Komparativ	最上級 Superlativ
gern	lieber	am _____
gut	besser	am _____
viel	mehr	_____ meisten
kalt	_____	am kältesten
warm	_____	am _____

比較級と最上級

In Berlin ist es kalt.
In München ist es kälter als in Berlin.
Aber in Wien ist es am kältesten.

Berlin 9°C
München 1°C
Wien −3°C

形容詞の副詞的用法

- so ... wie ～（～と同じくらい…）　Die Schweiz ist so schön wie Spanien.
- nicht so ... wie ～（～ほど…でない）　In Spanien ist es nicht so kalt wie in Deutschland.
- ... als ～（～よりも…）　Ich fahre lieber nach Spanien als in die Schweiz.

Übung 4b 右に挙げた語を補いましょう。Ergänzen Sie.　| so ... wie / nicht so ... wie / als |

1) Eine Reise nach Norwegen kostet mehr _____ eine Reise nach Portugal.

2) Im Sommer ist es in der Türkei _____ heiß _____ in Griechenland.

3) Das Wettter in Deutschland ist _____ _____ schön _____ in Italien.

Übung 4c 次の質問に答えましょう。また隣の人に質問しましょう。
Schreiben Sie die Antworten und machen Sie Interviews.

		ich	Partner / Partnerin
1)	Was trinkst du am meisten?		
2)	Was schmeckt dir am besten? Japanisch, italienisch oder ...?		
3)	Sprichst du besser Englisch oder besser Deutsch?		
4)	Machst du lieber Sport oder liest du lieber?		
5)	Was machst du am liebsten in deiner Freizeit?		

Grammatik

現在完了（2）、sein の過去形、動詞 werden、
前置詞 nach, zu, bei, in の使い方、日付の言い方（2）、比較級と最上級

1 現在完了 Perfekt (2) sein をとる完了形

11 課では現在完了形の基本として「haben の現在形＋過去分詞」を学びましたが、
| sein の現在形 | ＋ | 過去分詞 | となる現在完了形もあります。

次の動詞は sein とともに完了形を作ります。
① **場所の移動**を表す自動詞　kommen, gehen, fahren, fliegen, reisen, aussteigen …
② **状態の変化**を表す自動詞　werden, wachsen, sterben, aufstehen, einschlafen …
③ sein, bleiben

Heute |bin| ich um sechs Uhr |auf**ge**standen| (aufstehen*).　今日は6時に起きた。
Es |ist| plötzlich kalt |**ge**worden| (werden*).　　　　　突然、寒くなった。
Gestern |bin| ich zu Hause |**ge**blieben| (bleiben*).　　昨日は家にいた。
なお haben, sein のどちらと結びついて完了形を作るのかは、動詞によってもともと決まっています。辞書の表記は「haben 支配 (h)」、「sein 支配 (s)」

2 sein の過去人称変化

動詞 sein は sein とともに現在完了を作りますが、二通りの用途で sein が重複して使われることになります。そのためすっきりする過去形が好まれます。

Ich bin in Berlin.　→ Ich war in Berlin.　　　　過去形
　　　　　　　　　　→ Ich bin in Berlin gewesen.　現在完了形

ich	**war**
du	warst
er, sie, es	**war**
wir	waren
ihr	wart
sie, Sie	waren

🍂 この bin (sein) は現在完了形を作るためのお助け動詞です！

＊ sein は特殊な変化をしますが、やはり ich と三人称単数 er, sie, es が
　同形です。

3 動詞 werden「～になる」の変化

ich	werde
du	wirst
er, sie, es	wird
wir	werden
ihr	werdet
sie, Sie	werden

werden の過去分詞は geworden で、状態の変化を表すので、sein とともに完了形を作ります。
Er will Arzt werden.　　彼は医者になりたい。
Er wird bestimmt Arzt.　彼はきっと医者になるだろう。
Er ist Arzt geworden.　　彼は医者になった。

nach: Ich fahre nach Deutschland.　nach の後には地名がきます。

zu:　　「人」のところや「施設」へ行くとき。

　　　　Ich fahre zu meinen Eltern.　両親のもとへ行きます。(帰省する)

　　　　Ich gehe zur Uni.　　　　　　大学へ行きます。

bei:　　「人」のところにいる、いたことを表すとき。

　　　　Ich war bei meinen Eltern.　私は両親のもとにいました。

| nach + 3 格 | | zu + 3 格 | | bei + 3 格 |　常に 3 格と結びつきます。格支配が固定！

in:　　 in + 3 / 4 格 　となる前置詞なので

wohin + 4 格　Ich gehe ins Café.　カフェへ行きます。

wo + 3 格　　Ich war im Café.　カフェにいました。

日付を 1 格で表すときには語尾は -e で終わります。

Heute ist **der sechst**e Dezember.

■ 副詞的用法の形容詞の変化

比較	比較級	最上級
—	-er	am -sten
kalt	kälter	am kältesten
warm	wärmer	am wärmsten
gern	**lieber**	**am liebsten**
gut	**besser**	**am besten**
viel	**mehr**	**am meisten**

　最上級の基本形は -st ですが、副詞的用法ではさらに前置詞と語尾変化が加わり am –sten となっています：am wärms**t**en

　比較級、最上級には不規則な変化をするものが多いので注意しましょう。

☆**比較表現のいろいろ**

In Freiburg ist es warm.

so ... wie (…と同じくらい)

　In Heidelberg ist es **so** warm **wie** in Freiburg.

nicht so ... wie (…ほど〜ではない)

　In Hamburg ist es **nicht so** warm **wie** in Freiburg.

... als 〜 (〜よりも…)

　In Freiburg ist es wärm**er als** in Hamburg.

Lektion 2

 Übung 2a S.13 🎧 17

Erkan = E   Felix = F   Heidi = H

E : Was studierst du, Felix?

F : Ich studiere Japanologie. Und du, Erkan?

E : Ich studiere Betriebswirtschaftslehre.

F : Aha, du studierst BWL. Heidi, studierst du Psychologie?

H : Nein, ich studiere nicht Psychologie. Ich studiere Physik.

Zahlenübung a S.15 🎧 21

1) A: Du, Nils, hast du eigentlich ein Handy?

   B: Ja, meine Nummer ist 0151-2988 450.

   A: Wie bitte? Noch einmal langsam.

   B: 0-1-5-1-2-9-8-8-4-5-0.

2) C: Haben Sie ein Handy? Ihre Handynummer fehlt noch.

   D: Ach ja. Meine Handynummer ist 0-7-6-53 23 09.

   C: Also, 0-7-6-5-3-2-3-0-9. Danke.

3) E: Wie ist deine Telefonnummer?

   F: Meine Telefonnummer ist 040 956 71 43.

   E: Also, 0-4-0-9-5-6-7-1-3-4?

   F: Nein, nicht 34. 0-4-0-9-5-6-7-1-4-3.

Lektion 3

 SZENE 1 S.18 🎧 22

1) Hallo! Ich heiße Leo Fischer und ich komme aus Frankfurt. Ich höre gern Musik. Ich fahre gern Rad und spiele gern Fußball.

2) Guten Tag. Mein Name ist Iris Kiesewetter. Ich studiere Medizin. Was mache ich gern? Ich fahre gern Ski und ich gehe gern einkaufen.

3) Hallo! Ich bin Max Hartmann aus Mannheim. Ich arbeite gern. Das macht mir Spaß. Und ich koche sehr gern und gehe natürlich gern spazieren. Mit Mickie. („Wuff Wuff!")

Übung 2c: Auf der Party S.20 🎧 27

Felix = F   Alina = A

A : Hallo, Felix! Wie geht's?

F : Oh, Alina! Hallo, gut.

A : Die Musik ist gut. Ich höre gern Jazz.

F : Ach, ja? Ich höre nicht so gern Jazz.

A : Was hörst du gern?

F : Ich höre gern Popmusik aus Japan.

A : Oh, Japan! Liest du auch gern Mangas aus Japan?

F : Ja, sehr gern. Was liest du gern?

A : Ich lese nicht so gern. Ich spiele gern Klavier und tanze gern. Tanzt du auch gern?

F : Tanzen? Nein, ich tanze nicht. Aber ich mache gern Sport.

A : Was denn? Judo?

F : Nein, ich mache Kendo. Ich spiele auch Fußball. Ich fahre gern Rad, und ich fahre gern Ski.

A : Oh, du bist sehr aktiv.

Lektion 7

SZENE 1 S.42 🎧 44

Beispiel A: Wie spät ist es?

   B: Es ist neun.

   A: Wie bitte?

   B: Es ist neun Uhr.

1) C: Wie spät ist es?

   D: Es ist zehn nach zwölf.

2) E: Entschuldigung, wie spät ist es?

   F: Es ist Viertel vor eins.

   E: Danke.

3) G: Huh, es ist halb fünf. Gehen wir Kaffee trinken?

   H: Was, halb fünf!? Ja, dann gehen wir Kaffee trinken.

4) I: Wie spät ist es denn?

   J: Es ist fünf nach halb sechs.

   I: Wie bitte?

   J: Es ist fünf nach halb sechs.

Übung 1   S.42 45

1) Es ist Viertel nach eins

2) Es ist halb vier.

3) Es ist fünf vor elf.

4) Es ist fünf nach halb sieben.

5) Es ist zwanzig vor acht.

6) Es ist zehn nach neun.

SZENE 2   S.42 46

Hallo, ich bin Martin und studiere Jura. Ich stehe um sieben Uhr auf. Um halb acht frühstücke ich. Zum Frühstück trinke ich gerne Kaffee und esse ein Brötchen. Um acht Uhr sehe ich kurz fern. Um halb neun gehe ich zur Uni. Zu Mittag esse ich um eins. Nach der Uni, so um fünf Uhr, kaufe ich für das Abendessen ein und koche schnell zu Hause. Um neun Uhr jobbe ich noch. Das ist anstrengend.

Lektion 9

Übung 1d   S.55 59

Mann = M   Frau = F

M: Lust auf Kaffee und Kuchen? Ich möchte dich gerne einmal einladen.

F : Danke. Wann denn?

M: Am 6. Dezember. Hast du Zeit?

F : Am 6. Dezember? Am Nikolaustag? Leider nicht. Da treffe ich meinen Freund.

M: Ach so.

F : Aber vielleicht hast du am 17. Dezember Zeit? Ich mache eine Party.

M: Das geht leider nicht. Ich fahre am 16. nach Berlin. Ich komme am 19. zurück.

F : Wann hast du denn mal Zeit?

M: Am 20. Dezember arbeite ich nicht.

F : Ach ja. Dann können wir auch essen gehen, ok?

M: Gut. Das machen wir.

SZENE 1: Wetterbericht   S.60 64

Die Wetteraussichten. Im Osten Deutschlands ist es sonnig und warm. Die Temperaturen liegen bei 24 Grad. Im Westen ist es bewölkt. Die Temperaturen steigen bis 20 Grad. Im Süden ist es noch heiß bei Temperaturen bis 28 Grad, abends gibt es Gewitter. In den Alpen schneit es nachts und die Temperaturen fallen auf minus 2 Grad. Im Norden regnet es heute. Es ist windig und kühl bei 18 Grad. Das waren die Nachrichten. Es ist 7 Uhr 10.

Lektion 10

SZENE 1   S.62 66

Daisuke = D   App = A

D : Mein Zimmer kann auch schön aussehen. Hm, was mache ich nun? Was sagt der Raumplaner? Einen Schreibtisch und ein Regal habe ich schon.

A : Sie haben einen Schreibtisch und ein Regal.

D : Ja ja, ich weiß.

A : Stellen Sie die Lampe auf den Tisch. Stellen Sie den Computer vor die Lampe, und nicht hinter die Lampe.

D : Na klar, nicht hinter die Lampe. Das weiß ich schon.

A : Hängen Sie die Uhr an die Wand und über den Tisch. Hängen Sie den Kalender neben die Uhr.

D : Hä? Den Kalender neben die Uhr? Das ist nicht schön. Das mache ich nicht.

A : Stellen Sie den Abfalleimer zwischen den Tisch und das Regal.

D : Hahaha.

A : Legen Sie den Teppich unter den Tisch.

D : Teppich? Ich habe keinen Teppich.

A : Legen Sie die Bücher nicht auf den Tisch. Stellen Sie die Bücher ins Regal.

D : Oh je, wie Mama.

A : Stellen Sie den Stuhl an den Tisch.

D : Natürlich, Mama.

A : Legen Sie das Tablet ins Regal.

D : Gut. Aber wohin stelle ich nun den Drucker?

SZENE 2   S.63 67

Daisuke = D   F = Felix

F : Hallo, Daisuke. Oh, dein Zimmer sieht jetzt gut aus.

D : Ja, die Lampe steht auf dem Tisch. Der

Computer steht vor der Lampe, und nicht hinter der Lampe. Die Uhr hängt an der Wand.

F : Und über dem Tisch. Und wo ist der Kalender?

D : Der Kalender hängt unter der Uhr, nicht neben der Uhr.

F : Schön. Der Abfalleimer steht zwischen dem Tisch und dem Regal.

D : Unter dem Tisch liegt kein Teppich. Ich habe keinen Teppich, leider.

F : Gut, gut. Die Bücher stehen im Regal und das Tablet liegt auch im Regal.

D : Sieh mal. Der Stuhl steht am Tisch.

F : Warum steht der Drucker hinter dem Abfalleimer? Das finde ich nicht gut.

D : Meinst du? Aber das ist praktisch!

Lektion 12

 Übung 1a   S.74   🎧 73

Was ist denn passiert?

Also, ich bin gestern um acht Uhr aufgestanden und bin mit dem Motorrad nach Düsseldorf gefahren. Ich bin ins Museum gegangen. Ich habe die Zeit total vergessen. Dann ist abends das Wetter schlecht geworden. Ich bin zu schnell gefahren und bin hingefallen. Ich hatte aber Glück. Die Leute haben mir geholfen.

T

Z

■文法変化表　Grammatiktabellen

　ドイツ語には４つの格があり、格によって形が変化すること（格変化）で、その語の文中での役割、他の語との関係が示されます。日本語ではこの機能を格助詞が担っています。

日本語の格助詞で表すとおおよそ

１格 ＝主格		＝ Nominativ	〜が、〜は、
２格 ＝所有格		＝ Genitiv	〜の
３格 ＝与格 / 間接目的格		＝ Dativ	〜に
４格 ＝対格 / 直接目的格		＝ Akkusativ	〜を

＊なお本書では２格は扱っていません。

Der Vater[1] gibt dem Sohn[3] den Ring[4] des Großvaters[2].　なお男性・中性名詞の単数２格は語尾変化します。

Ich[1] habe eine Schwester[4]. Sie[1] hat mir[3] ihre Uhr[4] geschenkt.

Das[1] ist die Uhr[1] meiner Schwester[2]. Wir[1] haben kein Wasser[4] mehr.

Auf dem Tisch[3] steht doch eine Wasserflasche[1].

定冠詞の格変化

	m	f	n	Pl
１格	der	die	das	die
２格	des	der	des	der
３格	dem	der	dem	den
４格	den	die	das	die

不定冠詞の格変化

	m	f	n	Pl
１格	ein	eine	ein	
２格	eines	einer	eines	
３格	einem	einer	einem	
４格	einen	eine	ein	

否定冠詞の格変化

	m	f	n	Pl
１格	kein	keine	kein	keine
２格	keines	keiner	keines	keiner
３格	keinem	keiner	keinem	keinen
４格	keinen	keine	kein	keine

人称代名詞の格変化

１格	ich	du	er	sie （単数）	es	wir	ihr	sie （複数）	Sie
３格	mir	dir	ihm	ihr	ihm	uns	euch	ihnen	Ihnen
４格	mich	dich	ihn	sie	es	uns	euch	sie	Sie

所有冠詞

ich	du	er	sie （単数）	es	wir	ihr	sie （複数）	Sie
mein-	dein-	sein-	ihr-	sein-	unser-	euer-	ihr-	Ihr-

所有冠詞の格変化

	m	**f**	**n**	**Pl**
1 格	mein	meine	mein	meine
2 格	meines	meiner	meines	meiner
3 格	meinem	meiner	meinem	meinen
4 格	meinen	meine	mein	meine

疑問詞の変化

1 格	wer	was
2 格	wessen	
3 格	wem	
4 格	wen	was

2 動詞の変化 Verbkonjugationen

動詞の現在人称変化

	基本変化語尾	wohnen	sein*	haben*	werden*
ich	-e	wohne	bin	habe	werde
du	-st	wohnst	bist	hast	wirst
er, sie, es	-t	wohnt	ist	hat	wird
wir	-en	wohnen	sind	haben	werden
ihr	-t	wohnt	seid	habt	werdet
sie, Sie	-en	wohnen	sind	haben	werden

助動詞の現在人称変化

	können	mögen	müssen	wollen	（möchte-）
ich	kann	mag	muss	will	möchte
du	kannst	magst	musst	willst	möchtest
er, sie, es	kann	mag	muss	will	möchte
wir	können	mögen	müssen	wollen	möchten
ihr	könnt	mögt	müsst	wollt	möchtet
sie, Sie	können	mögen	müssen	wollen	möchten

sein と haben の過去人称変化

	sein	haben
ich	**war**	**hatte**
du	warst	hattest
er, sie, es	**war**	**hatte**
wir	waren	hatten
ihr	wart	hattet
sie, Sie	waren	hatten

助動詞 können と müssen の過去人称変化

	können	müssen
ich	**konnte**	**musste**
du	konntest	musstest
er, sie, es	**konnte**	**musste**
wir	konnten	mussten
ihr	konntet	musstet
sie, Sie	konnten	mussten

■ 既習の不規則変化動詞変化一覧 三人称単数は er で代表させます。

不定詞 Infinitv	直説法 Indikativ 現在形 Präsens	過去形 Präteritum	過去分詞 Partizp Perfekt
ab|fahren 出発する	du fährst ... ab		abgefahren
ab|geben 渡す	du gibst ... ab		ab|gegeben
an|kommen 到着する			angekommen
an|rufen 電話する			angerufen
auf|stehen 起きる			aufgestanden
aus|sehen 〜に見える	du siehst ... aus		ausgesehen
aus|steigen 降りる			ausgestiegen
backen (オーブンで) 焼く			gebacken
bekommen もらう			bekommen
bitten 頼む	du bittest		gebeten
bleiben とどまる			geblieben
braten (フライパンで) 焼く	du brätst		gebraten
bringen 持ってくる、持っていく			gebracht
ein|laden 招く	du lädst ... ein		eingeladen
ein|schlafen 眠り込む	du schläfst ... ein		eingeschlafen
ein|steigen 乗る			eingestiegen
empfehlen 勧める	du empfiehlst		empfohlen
essen 食べる	du isst		gegessen
fahren (乗り物で) 行く	du fährst		gefahren
fallen 落ちる			gefallen
fern|sehen テレビを見る	du siehst ... fern		ferngesehen
finden 見つける、思う	du findest		gefunden
fliegen 飛ぶ、(飛行機で) 行く			geflogen
geben 与える	du gibst		gegeben
gefallen 気に入る	du gefällst		gefallen
gehen (歩いて) 行く			gegangen
haben 持っている	ich habe wir haben du hast ihr habt er hat sie haben	ich hatte wir hatten du hattest ihr hattet er hatte sie hatten	gehabt
halten 保つ	du hälst		gehalten
hängen (自動詞) 掛かっている			gehangen

| 不定詞 Infinitv | 直説法 Indikativ | | 過去分詞 |
	現在形 Präsens	過去形 Präteritum	Partizp Perfekt
heißen 〜という名である	du heißt		geheißen
helfen 助ける	du hilfst		geholfen
hin|fallen 倒れる	du fällst ... hin		hingefallen
kommen 来る			gekommen
können 〜できる	ich kann wir können du kannst ihr könnt er kann sie können	ich konnte wir konnten du konntest ihr konntet er konnte sie konnten	gekonnt
laufen 歩く、走る	du läufst		gelaufen
leid|tun 同情の念を起こす	ich tue ... leid wir tun ... leid du tust ... leid ihr tut ... leid er tut ... leid sie tun ... leid		leidgetan
lesen 読む	du liest		gelesen
liegen 横たわっている			gelegen
mit|bringen 持ってくる			mitgebracht
mit|fahren 一緒に乗っていく	du fährst ... mit		mitgefahren
mit|kommen 一緒に来る			mitgekommen
mit|nehmen 持っていく	du nimmst ... mit		mitgenommen
möchte(n) 〜したい	ich möchte wir möchten du möchtest ihr möchtet er möchte sie möchten		
mögen 好む、〜かもしれない	ich mag wir mögen du magst ihr mögt er mag sie mögen		gemocht
müssen 〜しなければならない	ich muss wir müssen du musst ihr müsst er muss sie müssen	ich musste wir mussten du musstest ihr musstet er musste sie mussten	gemusst
nehmen 取る	du nimmst		genommen
schlafen 眠る	du schläfst		geschlafen
schreiben 書く			geschrieben
schwimmen 泳ぐ			geschwommen
sehen 見る	du siehst		gesehen
sein 〜である	ich bin wir sind du bist ihr seid er ist sie sind	ich war wir waren du warst ihr wart er war sie waren	gewesen
sitzen 座っている			gesessen
spazieren gehen 散歩する			spazieren gegangen
sprechen 話す	du sprichst		gesprochen
statt|finden 開催される			stattgefunden

| 不定詞 Infinitv | 直説法 Indikativ | | 過去分詞 |
	現在形 Präsens	過去形 Präteritum	Partizp Perfekt
stehen 立っている			gestanden
sterben 死ぬ			gestorben
tragen 運ぶ、着用する	du trägst		getragen
treffen 会う	du triffst		getroffen
trinken 飲む			getrunken
tun する	ich tue　wir tun du tust　ihr tut er tut　sie tun		getan
um|steigen 乗り換える			umgestiegen
verstehen 理解する			verstanden
vor|haben 予定している	du hast ... vor		vorgehabt
wachsen 成長する	du wächst		gewachsen
waschen 洗う	du wäsch[e]st		gewaschen
werden 〜になる	du wirst		geworden
wissen 知っている	ich weiß　wir wissen du weißt　ihr wisst er weiß　sie wissen		gewusst
wollen 〜するつもりである	ich will　wir wollen du willst　ihr wollt er will　sie wollen		gewollt
zurück|kommen 帰ってくる			zurückgekommen

Photoquelle

S.2　Wattenmeer: ©bluecrayola/shuterstock.com

S.3　Semmeringbahn: @Herbert Ortner (flickr)

S.5　Liechtenstein: ©RossHelen/shuterstock.com

S.8　©Ditty_about_summer/shuterstock.com

S.9　©areebarbar/shuterstock.com

S.44　@Ethan Kan (flickr)

S.64　©DenisProduction.com/shuterstock.com

S.74　©Smileus – Fotolia.com

アゲンダ・ベーシック　アクティブ・ラーニングのドイツ語

2020 年 2 月 20 日　第 1 版発行
2023 年 3 月 20 日　第 2 版発行

著　者 —　柏木貴久子（かしわぎ　きくこ）
　　　　　Bettina Goesch（ベッティーナ・ゲッシュ）
発行者 —　前田俊秀
発行所 —　株式会社　三修社
　　　　　〒 150-0001　東京都渋谷区神宮前 2-2-22
　　　　　TEL 03-3405-4511
　　　　　FAX 03-3405-4522
　　　　　振替 00190-9-72758
　　　　　https://www.sanshusha.co.jp
　　　　　編集担当　菊池　暁
印刷所 —　倉敷印刷株式会社

表紙デザイン ——　やぶはなあきお
本文イラスト ——　越阪部ワタル　梶原由加利
本文 DTP ——　ME TIME LLC
準拠音声製作 ——　株式会社メディアスタイリスト

©2020 Printed in Japan　ISBN978-4-384-12302-9 C1084

Lektion 1 　　Alles klar?

Studentennummer _____ 　　Name _____

Portfolio 　達成できた箇所に ☺ マークを書き入れましょう。

- ◯ 「ご機嫌いかが」の挨拶ができる
- ◯ 「はじめまして」の挨拶、自己紹介ができる
- ◯ 名前、出身、居住地をたずねたり、答えたりできる。
- ◯ アルファベート、つづりを言うことができる
- ◯ 基本的なドイツ語の発音規則がわかる

1 表を埋めましょう。Ergänzen Sie die Tabelle.

	sein	**wohnen**	**kommen**	**heißen**
ich				
Sie				
er, sie, es				

2 動詞を補いましょう。Ergänzen Sie die Verben.

1) Ich _____ aus Japan.

2) Wo _____ Sie?

3) _____ Sie Susanne Braun?

4) _____ Sie aus Deutschland?

3 挙げられた単語を使って文を作りましょう。文頭は大文字に変えること。Schreiben Sie die Sätze.

1) ○ Tag, / Hartmann / mein / ist / guten / Name / .

_____

● heißen / Sie / wie / Entschuldigung, / ?

_____

2) ○ kommen / der Schweiz / aus / Sie / ?

_____

● Zürich / ich / bin / aus / ja, / .

_____

○ wie / woher / Sie / kommen / bitte, / ?

_____

3) ○ wohnen / Berlin / in / Sie / ?

_____

● ich / Berlin / in / wohne / nein, / nicht / .

_____

4) ○ Sie / jetzt / wohnen / wo / ?

_____

● in / ich / Köln / wohne / jetzt / .

_____

4 スマイリーマークを参考に、挨拶文を完成させましょう。Ergänzen Sie.

1) ○ Guten Morgen, Herr Hartmann. Wie geht's?

● ☺☺ Danke, _____ . Und _____ ?

○ ☺☺ Auch _____ , danke!

2) ○ Wie geht's _____ , Frau Braun?

● ☺ Danke, _____ . Und _____ , Herr Schneider?

○ ☺ Na ja, _____ .

3) ○ Wie geht es _____ , Frau Zeller?

● ☹ Nicht so gut.

Lektion 2　　Alles klar?

Studentennummer _____　　Name _____

Portfolio　　達成できた箇所に ☺ マークを書き入れましょう。

◯ Sie と du を正しく使い分けることができる。

◯ 第三者を紹介することができる。

◯ 専攻や話す言語をたずねたり、答えたりできる。

◯ 100 までの数字を使って、年齢や電話番号等を言うことができる。

---

1 表を埋めましょう。Ergänzen Sie die Tabelle.

	kommen	heißen	sprechen	sein
ich				
du				
Sie				
er, sie, es				

2 顔のマークを参考に、挨拶文を完成させましょう。Ergänzen Sie.

1) ◯ Morgen, Johanna! Wie geht es _____ denn?

　　● Hallo, Daisuke! ☺ ☺ ☺ Es geht _____ super. Und _____?

　　◯ ☺ ☺ ☺ Auch _____, danke!

2) ◯ Tag, Martin! Na, _____ geht's?

　　● Ach, Felix. Hallo! Na ja, ☺ _____. Und _____? Geht's _____ gut?

　　◯ Ja, sogar sehr gut!

3) ◯ Tag, Heidi. Wie geht's _____?

　　● Hallo, Erkan. Es geht _____ nicht so gut.

　　◯ Ah ja? _____ geht es auch nicht so gut.

3 人物を紹介してください。Stellen Sie die Person vor.

> Name: Kai Wagner   Alter 年齢: 19   Herkunft 出身: Österreich
> Sprache 言語: Deutsch (sprechen) / Englisch und Russisch (lernen)
> Fach 専攻: Physik   Wohnort 居住地: Wien

Das ist Kai Wagner. Er _____

_____

_____

_____

_____

_____

_____

4 学生パーティでの会話を完成させましょう。Auf der Studentenparty. Ergänzen Sie.

Felix = F   Daisuke = D   Heidi = H

F : Daisuke, das ist Heidi. Heidi, das ist Daisuke.

D: Hallo, Heidi. Ich bin Daisuke.

H: Hallo, Daisuke. Ich heiße Heidi.

F : Heidi, Daisuke _____ Japan.

    Er _____ sehr gut Deutsch.

H: Woher aus Japan _____ du?

D: Ich _____ Osaka.

H: Und was _____ du?

D: Ich _____ Germanistik. Und du?

H: Physik. Wo _____ du?

D: In Köln. _____ du auch in Köln?

H: Nein, in Bonn.

4

Lektion 3　　Alles klar?

Studentennummer _____ 　　Name _____

1 表を埋めましょう。Ergänzen Sie die Tabelle.

	fahren	lesen	sehen	sein
ich				
du				
er, sie, es				
wir				
ihr				
sie, Sie				

2 動詞の間違いを正して、全文を書きましょう。Korrigieren Sie die Fehler.

1) Fahrst du gern Rad? _____

2) Wann trifft ihr Lena? _____

3) Ich siehe gern Filme. _____

4) Arbeitst du am Wochenende ? _____

5) Wir liesen gern Mangas aus Japan. _____

3 動詞を補い、文を完成させましょう。Ergänzen Sie.

1) ○ Martin und ich, wir _____ Jura. Und ihr? Was studiert ihr?

　● Ich _____ Germanistik und Felix _____ Japanologie.

2) ○ Herr Jung, wie alt _____ Sie denn?   ● Ich _____ schon 80 Jahre alt.

3) ○ Herr Fischer, Frau Fischer, was _____ Sie am Wochenende?

   ● Am Samstag _____ wir ins Kino. Wir _____ gerne Filme.

4) ○ Was liest du, Max?   ● Ich _____ Franz Kafka.

5) ○ Lena, Steffi, _____ ihr müde?   ● Ja, wir _____ hundemüde!

4 週末にすることについて、質問にドイツ語で答えましょう。Schreiben Sie.

`Am Wochenende` Was machen Sie gern? Was machen Sie nicht so gern?

1) Samstag: ☺ Ich _____

   ☹ Ich _____

2) Sonntag: ☺ Ich _____

   ☹ Ich _____

5 文章を並べ替えて、誘いとそれに対する返事のメールを書きましょう。
Ordnen Sie die Sätze und schreiben Sie die E-Mails.

Du auch? / Gehen wir zusammen spazieren? / Ich gehe sehr gern spazieren. / Mir geht es gut. / Was machst du am Sonntag?

Hallo,
wie geht's? _____

_____

_____

Viele Grüße
Thomas

Am Sonntag geht es leider nicht. / Gehen wir am Samstag zusammen spazieren? / Ich arbeite. / Tut mir leid.

Hallo,
danke für deine E-Mail. _____

_____

Viele Grüße
Eva

Lektion 4　　Alles klar?

Studentennummer _____　　Name _____

Portfolio　達成できた箇所に ☺ マークを書き入れましょう。

◯　物の名前をたずねたり、答えたりできる。

◯　名詞の性、単数・複数の区別ができる。

◯　物について話すことができる（色、どこから、価格、かんたんな評価）。

◯　大きな数字を使って、物の値段を言うことができる。

1　次の変化表を埋めましょう。Ergänzen Sie die Tabelle.

不定冠詞と否定冠詞

名詞の性	m	f	n	Pl
不定冠詞1格			ein	/
定冠詞1格	der			
人称代名詞1格				sie

2　冠詞を補いましょう。必要ない場合は斜線 „ / " を入れること。
Ergänzen Sie ein, eine / der / die / das oder schreiben Sie „/".

1）◯ Ist das _____ Geldbörse oder _____ Tasche?

　　● Ich glaube, das ist _____ Tasche.

2）◯ Ich finde, _____ Buch ist interessant.

　　● Ja? Ich lese nicht gern _____ Bücher.

3）◯ Bitte schön. Hier sind _____ Kugelschreiber.

　　● _____ Kugelschreiber sind alle schön. Was kostet _____ Kugelschreiber hier?

3 数字をドイツ語で書きましょう。Schreiben Sie die Zahlen.

1）92 _____

2）370 _____

3）1.273 _____

4）2.615 _____

4 動詞を補いましょう。Ergänzen Sie.

1）○ Was _____ die Tasche?

● Sie _____ nur 29 Euro.

2）○ _____ Sie Hilfe?

● Ja. Was _____ die Schuhe?

○ Sie kosten 89 Euro.

3）○ Die Brille _____ sehr teuer.

● Ja, sie _____ aus Italien.

4）○ Wie _____ „Radiergummi" auf Französisch? _____ du das?

● Oh, das _____ ich leider nicht.

5 名詞の複数形を補いましょう。Schreiben Sie den Plural.

1）Hier ist eine Brille, da sind drei _____.

2）Hier ist ein Smartphone, da sind zwei _____.

3）Hier ist ein Buch, da sind fünf _____.

4）Hier ist ein Schlüssel, da sind drei _____.

5）Hier ist ein Regenschirm, da sind sechs _____.

Lektion 5 　　Alles klar?

Studentennummer _____　　Name _____

Portfolio　達成できた箇所に ☺ マークを書き入れましょう。

◯ カフェで注文したり、支払ったりできる。

◯ 不定冠詞 4 格を使って、飲物や食べ物を注文できる。

◯ möchte- を使って希望を言ったり、尋ねたりできる。

◯ 否定冠詞 kein- を使って、物の有無を言うことができる。

---

1 次の変化表を埋めましょう。Ergänzen Sie.

不定冠詞と否定冠詞

	m		f		n		Pl	
	不定冠詞	否定冠詞	不定冠詞	否定冠詞	不定冠詞	否定冠詞	不定冠詞	否定冠詞
1 格						kein	／	
4 格			eine				／	

定冠詞

	m	f	n	Pl
1 格				

2 不定冠詞または否定冠詞を補いましょう。必要ない場合は斜線 „ / " を入れること。
Ergänzen Sie die Artikel (ein- oder kein-) oder schreiben Sie „/".

1) ◯ Ist das _____ Kugelschreiber?

● Nein, das ist _____ Kugelschreiber. Das ist _____ Bleistift.

◯ Ach so. Ich brauche aber _____ Kugelschreiber.

2) ◯ Hast du _____ Wörterbuch?

● Nein, ich habe leider _____ Wörterbuch.

Aber das Smartphone hat _____ Wörterbuch.

3) ◯ Ist das _____ Geldbörse?

● Nein, das ist _____ Geldbörse. Das ist _____ Kosmetiktasche.

4) ○ Guten Tag. Ich möchte _____ Regenschirm.

● Tut mir leid, wir haben _____ Regenschirme.

Wir haben nur _____ Taschen.

3 挙げられた単語を使って会話文をつくりましょう（30 頁 Speisekarte 参照）。文頭の単語と名詞は最初の文字が大文字です。Schreiben Sie die Sätze. Achten Sie auf die Großschreibung am Satzanfang.

Kellner = K   Gast 1 = G1   Gast 2 = G2

K : Tag / Guten / wünschen / was / Sie /, / ?

_____

G1 : Milchkaffee / Ich / einen / nehme / einen / und / Schokoladenkuchen / .

_____

K : Sie / Und / gern / Ja /, / . / ?

_____

G2 : Käsekuchen / heute / Sie / Haben / ?

_____

K : heute / wir / Ja / haben / Käsekuchen / auch /, / .

_____

G2 : ich / Käsekuchen / dann / nehme / und / einen / einen / Schwarztee / Gut /, / .

_____

4 冠詞の間違いを直し、全文を正しく書き換えましょう。
Markieren Sie die Artikelfehler und schreiben Sie den Satz neu.

1) ○ Möchtest du ein Kaffee? _____

● Nein, danke. Ich trinke einen Kaffee. _____

2) ○ Haben wir noch eine Flaschen Mineralwasser? _____

● Nein, da ist eine Flasche mehr. _____

3) ○ Ist das einen Käsekuchen? _____

● Nein, das ist kein Apfelkuchen. _____

Lektion 6　　Alles klar?

Studentennummer _____　　Name _____

Portfolio　達成できた箇所に ☺ マークを書き入れましょう。

○ 買い物（衣類や食料品）で品定めしたり、好き嫌いを表現したりできる。

○ es gibt を使って施設や商品の有無を言うことができる。

○ 質問によって ja / doch / nein を使い分けることができる。

○ Durst, Hunger, Lust, Zeit など無冠詞の表現を使うことができる。

---

1 定冠詞と不定冠詞の変化表をそれぞれ埋めましょう。Ergänzen Sie.

定冠詞

	m	f	n	Pl
1 格	der			
4 格				

不定冠詞

	m	f	n	Pl
1 格	ein			
4 格				

2 定冠詞または不定冠詞を埋めましょう。必要ない場合は „ / " をいれること。
Ergänzen Sie die Artikel oder „/".

デパートにて Im Kaufhaus

1) ○ Ich suche _____ Anzug.

　● Wie finden Sie _____ Anzug hier?

2) ○ Ich brauche _____ Bluse für ein Jobinterview.

　● Wie finden Sie _____ Bluse in Weiß?

3) ○ Haben Sie _____ Schuhe in Rosa?

　● Nein, leider nicht. Aber hier haben wir _____ Schuhe in Rot.

4) ○ Ich suche _____ Hemd in Blau.

　● Ah ja, wie finden Sie _____ Hemd hier?

3 正しい答えに印をつけましょう。nicht oder kein-? Markieren Sie.

1) Ich mag ☐ nicht ☐ keinen Tee.

2) Johanna hat heute ☐ nicht ☐ keine Lust auf Kuchen.

3) Daisuke geht ☐ nicht ☐ kein gern einkaufen.

4) Ich fahre ☐ nicht ☐ kein Rad.

5) Es gibt gleich Essen, aber wir haben ☐ nicht ☐ keinen Hunger.

6) Am Samstag spielen wir ☐ nicht ☐ kein Fußball.

4 挙げられた単語を使って、質問文を作りましょう。動詞と冠詞は変化させ、文頭は大文字に。
Schreiben Sie die Fragen. Konjugieren Sie die Verben.

1) ○ _____ ? (du / möchte- / trinken / nichts)

　　● Doch, ich habe Durst.

2) ○ _____ ? (Sie / essen / möchte- / etwas)

　　● Nein, danke. Ich habe keinen Hunger.

3) ○ _____ ? (Sie / haben / Zeit / heute)

　　● Nein, leider habe ich heute keine Zeit.

4) ○ _____ ? (Lena / haben / kein- / Sport / auf

　　● Doch, sie möchte Tennis spielen. 　　　　　　 / Lust)

5 顔のマークとイラストに合った文章を作りましょう。

1) ☺ 　　　　 Ich mag _____ .

2) ☹ 　　　　 Ich mag _____ .

3) ☺ 　　　　 Ich mag _____ .

4) ☹ 　　　　 Ich mag _____ .

6 brauchen / finden / geben / möchten から適切な語を選び、変化させて補いましょう。
Ergänzen Sie die Verben brauchen / finden / geben / möchten.

1) Ich _____ den Rock nicht so schön.

2) Hier _____ es T-Shirts.

3) _____ du keine Bluse für das Jobinterview?

4) Ich _____ gerne die Schuhe hier.

Lektion 7 Alles klar?

Studentennummer   Name

Portfolio 達成できた箇所に ☺ マークを書き入れましょう。

◯ 時間を表現することができる。

◯ 分離動詞を使った文構造を理解できる。

◯ 一日の行動や公共の乗り物での移動について表現できる。

◯ 助動詞 wollen, müssen を使うことができる。

1 Wiebke の 1 日の行動に、前置詞、時間を加えて文を完成させましょう。
Ein Tag von Wiebke. Ergänzen Sie die Uhrzeit.

1) Wiebke möchte _____ aufstehen. Aber sie schläft noch.

2) Sie möchte _____ frühstücken. Aber sie hat keinen Kaffee.

3) _____ möchte sie zur Uni fahren. Aber die U-Bahn fährt nicht.

4) Sie isst mit Stefan _____ zu Mittag.

5) _____ gehen beide dann Kaffee trinken.

2 挙げられた単語を使って、文を作りましょう。分離動詞は正しく変化させること。
Schreiben Sie die Sätze.

1) Ich / am Samstag / einkaufen / .

_____

2) Wann / fernsehen / du / ?

_____

3) Stefan / aufstehen / um 7 Uhr / .

_____

4) Wo / du / umsteigen / ?

_____

5) Wir / um 8 Uhr / ankommen / in Köln / .

_____

3 変化表を埋めましょう。Ergänzen Sie.

	wollen	**müssen**
ich		
du		
er, sie, es		
wir		
ihr		
sie, Sie		

4 助動詞 müssen と動詞（abfahren, aufstehen, einkaufen, sein）を適切に組み合わせて補いましょう。助動詞の変化を忘れずに。
Ergänzen Sie „müssen" und die Verben abfahren / aufstehen / einkaufen / sein.

月曜日に Am Montag

1）Ich _____ um halb sieben _____ .

2）Um halb acht _____ ich _____ .

3）Von 9 bis 16 Uhr _____ ich in der Uni _____ .

4）Dann _____ ich für das Abendessen _____ .

5 助動詞 wollen, müssen, müssen + nicht を使って文を完成させましょう。
Ergänzen Sie „wollen", müssen" und „nicht müssen".

1）○ _____ wir am Wochenende ins Kino gehen?

   ● Tut mir leid, ich _____ jobben.

2）○ _____ ihr morgen früh aufstehen?

   ● Nein, wir _____ früh aufstehen.

3）○ _____ du heute einkaufen gehen?

   ● Nein, ich _____ Hausaufgaben machen.

4）○ _____ Stefan heute ins Kino gehen?

   ● Nein, heute _____ er zur Uni gehen.

Lektion 8　Alles klar?

Portfolio　達成できた箇所に ☺ マークを書き入れましょう。

( ) 所有冠詞を使って、自分や相手の家族について話すことができる。

( ) 人の職業を尋ねたり、答えたりすることができる。

( ) 助動詞 können「～できる」を使って可能性や能力を表現できる。

( ) 人称代名詞の 4 格を正しく使うことができる。

1 次は職業名の男性形と女性形です。表を完成させましょう。Ergänzen Sie die Tabelle.

m	Student		Beamter		Lehrer
f	Studentin	Ärztin		Ingenieurin	

2 文章を読んで、質問に答えましょう。Lesen Sie und antworten Sie.

Mein Name ist Beate Zimmermann. Ich bin Kauffrau. Ich komme aus der Schweiz, aus Bern, und wohne in Frankfurt. Mein Mann kommt aus Frankfurt. Er heißt Joachim und ist Bankangestellter. Wir haben zwei Kinder. Unsere Tochter heißt Julia. Sie ist Deutschlehrerin. Sie ist 26 Jahre alt und noch ledig. Unser Sohn heißt Michael. Er studiert Jura. Er möchte gerne international arbeiten, also in Deutschland, Japan, Österreich, in der Schweiz usw*.

＊ usw. = und so weiter「～など」の意。読むときは略さず、und so weiter と読みます。

1) Was ist Beate von Beruf? _____

2) Was macht Joachim beruflich? _____

3) Kommt Beate aus Österreich? _____

4) Ist Julia Beates Schwester? _____

5) Ist Julia schon verheiratet? _____

6) Arbeitet Michael schon? _____

3 所有冠詞 mein-, dein, Ihr- をいずれか適切な方を選び、変化させて補いましょう。
Ergänzen Sie die Possessivpromen mein-, dein- und Ihr-.

1) ○ Wann siehst du _____ Großeltern?

   ● Ich besuche _____ Großeltern am Wochenende.

2) ○ Was macht _____ Bruder, Eva?

   ● _____ Bruder studiert Jura.

3) ○ Triffst du _____ Cousine oft?

   ● Nein, ich sehe _____ Cousine nicht so oft.

4) ○ Ist das _____ Kind, Frau Klein?

   ● Nein, das ist nicht _____ Kind.

4 人称代名詞 4 格を補いましょう。Ergänzen Sie die Personalpronomen im Akkusativ.

家族写真 Das Familienfoto.

1) Das sind meine Eltern. Ich besuche _____ am Wochenende.

2) Und das ist meine Schwester. Ich treffe _____ heute Abend.

3) Das ist mein Cousin. Ich sehe _____ in den Sommerferien.

4) Das ist mein Goldfisch. Ich mag _____ gern.

5 助動詞 können または müssen を補いましょう。
Ergänzen Sie die Modalverben „können" oder „müssen".

1) Ich _____ gut Tennis spielen. Und du?

2) _____ wir am Wochenende zusammen essen gehen?

3) Stefan _____ heute nicht zur Uni gehen. Er _____ Mangas lesen.

4) Heute machen wir eine Party. _____ ihr auch kommen?

5) Meine Eltern _____ arbeiten. Sie _____ nicht mitkommen.

Lektion 9　　Alles klar?

Studentennummer _____　　Name _____

Portfolio　　達成できた箇所に ☺ マークを書き入れましょう。

◯　贈り物について相談、提案、評価ができる。

◯　gehören や所有冠詞を使って、所有を表現できる。

◯　序数を使って行事の日程や誕生日を言うことができる。

◯　人称代名詞の3格を正しく使うことができる。

1　次の日付をドイツ語に書き換えましょう。Schreiben Sie die Daten aus.

1）Am 3. 6. 2024.

_____ .

2）Am 1. 12. 2001.

_____ .

3）Am 28. 3. 1976.

_____ .

2　動詞 empfehlen, geben, gefallen, gehören, helfen を1回ずつ使って文を完成させましょう。動詞の変化に注意しましょう。
Ergänzen Sie die Verben „empfehlen", „geben", „gefallen", „gehören" und „helfen ".

1）Ist das dein Smartphone? _____ es dir?

2）Die Tasche ist sehr schön. Sie _____ mir.

3）Meine Mutter mag Blumen. Ich _____ ihr oft Rosen.

4）Ich mache eine Party. _____ ihr mir? Wer kann gut grillen?

5）Den Käsekuchen kann ich dir _____ .

3 人称代名詞の3格を補いましょう。Ergänzen Sie die Personalpronomen im Dativ.

1) Du hast Probleme? Ich helfe _____ gern.

2) Du brauchst den Kuli nicht? Dann kannst du _____ den Kuli geben.

3) Was möchtet ihr? Was kann ich _____ schenken?

4) Wir wollen im Sommer reisen. Was können Sie _____ empfehlen?

5) Schwimmen Sie gerne? Dann empfehle ich _____ die Nordsee.

6) Stefan spielt Fußball. Die Sporttasche da gehört bestimmt _____ .

7) Eva hat morgen Geburtstag. Ich schenke _____ einen Regenschirm.

4 挙げられた文を適切な順序で補い、メールを完成させましょう。
Ordnen Sie die Sätze unten und schreiben Sie die E-Mail.

Liebe Cornelia, lieber Fabian,
ihr heiratet? Das ist schön.

Viele Grüße
Ina und Jörg

Wir möchten euch gerne etwas schenken.

Vielen Dank für die Einladung zur Hochzeit.

Habt ihr einen Wunsch?

Könnt ihr uns vielleicht ein Hotel empfehlen?

Wir kommen sehr gerne.

Könnt ihr uns bald schreiben?

Nach der Hochzeit möchten wir eine Nacht in Berlin bleiben.

Lektion 10   Alles klar?

Studentennummer _____   Name _____

1   ティモは何をしているでしょう？ 例にならって 1) から 7) までそれぞれ 2 つずつ文章を書きましょう。動詞は hängen, legen, liegen, stellen, stehen から選ぶこと。Was macht Timo? Schreiben Sie jeweils zwei Sätze wie im Beispiel.

Beispiel
Timo legt ein Buch auf den Tisch.
Jetzt liegt das Buch auf dem Tisch.

1)   Timo _____ .
    Jetzt _____ .

2)   Timo _____ .
    Jetzt _____ .

3)   Timo _____ .
    Jetzt _____ .

4)   Timo _____ .
    Jetzt _____ .

5)   Timo _____ .
    Jetzt _____ .

19

6)

Timo	_____ .
Jetzt	_____ .

7)

Timo	_____ .
Jetzt	_____ .

2 挙げられた文を組み合わせて、主文と副文 wenn から成り立つ文章を 4 つ作りましょう。
Ordnen Sie zu und verbinden Sie die Sätze mit „wenn".

> Ich fahre Ski. / Es schneit am Wochenende. / Wir können nicht Tennis
> spielen. / Es regnet am Sonntag. / Ich esse schnell in der Cafeteria. /
> Ich habe nicht viel Zeit. / Wir können Käsefondue machen. / Du willst
> nicht grillen.

1) _____

2) _____

3) _____

4) _____

3 dass を使った文に書き換えましょう。Schreiben Sie die Nebensätze mit „dass".

Evas Gartenparty am Samstag 土曜日のエーファのガーデンパーティ

1) Es regnet nicht.

→ Ich hoffe, _____ .

2) Alle Gäste bringen Getränke oder Nachtisch mit.

→ Ich hoffe, _____ .

3) Mein Freund kann auch kommen.

→ Ich hoffe, _____ .

4) Eva und ich müssen nach der Party nicht allein aufräumen.

→ Ich hoffe, _____ .

Lektion 11　Alles klar?

Portfolio　達成できた箇所に ☺ マークを書き入れましょう。

○ 現在完了形（haben ＋過去分詞）を使って、過去について表現できる。

○ haben の過去形と現在完了形を使い分けることができる。

○ 助動詞 können, müssen の過去形を使うことができる。

○ weil を使った副文を主文とともに正しく言うことができる。

1 動詞 haben, 助動詞 können, müssen の過去形の変化を完成させましょう。
Ergänzen Sie die Tabelle im Präteritum.

	haben の過去形	**können** の過去形	**müssen** の過去形
ich			
du			
er, sie, es			
wir			
ihr			
sie, Sie			

2 können, müssen または haben の過去形に変化させて補いましょう。
Ergänzen Sie „können", „müssen" oder „haben" im Präteritum.

1) Gestern _____ ich Zeit und _____ den Film sehen.

2) _____ ihr gestern zur Uni gehen?

3) Wir _____ in der Grundschule schon schwimmen.

4) Mein Bruder _____ letzte Woche einen Test schreiben.

5) _____ du mit 10 Jahren schon ein Smartphone?

6) Die Studenten _____ heute früh nach Hause gehen.

3 挙げられた動詞を1回ずつ使って、現在完了形の文を完成させましょう。
Ergänzen Sie die Verben im Perfekt.

> besuchen / essen / frühstücken / studieren / telefonieren / trinken / vergessen

1) Ich _____ am Wochenende lange mit meiner Mutter _____ .

2) Was _____ du gestern _____? Wieder einen Flammkuchen?

3) Meine Eltern _____ heute Morgen _____ , aber ich _____

   nur einen Kaffee _____ .

4) Hoffentlich _____ er den Schlüssel nicht im Auto _____ .

5) Was _____ Sie _____? Soziologie?

6) _____ ihr schon das Museum in der Uni _____?

4 挙げられた文を使って、過去に起こったことを述べましょう。時制は適宜、現在完了形や過去形に変えて、主文と副文 weil ... から成り立つ文章を4つ作ること。
Ordnen Sie die Sätze zu und verbinden Sie die Sätze mit „weil". Schreiben Sie vier Sätze im Perfekt oder Präteritum.

> Es schneit viel. / Ich kann nicht Fußball spielen. / Es regnet. / Ich muss zu Hause bleiben. / Ich habe kein Geld. / Ich sehe zu Hause Filme. / Ich habe Zeit. / Ich esse nicht im Restaurant.

1) _____

_____

2) _____

_____

3) _____

_____

4) _____

_____

Lektion 12　Alles klar?

Studentennummer Name

Portfolio　達成できた箇所に ☺ マークを書き入れましょう。

◯ 現在完了形（sein ＋過去分詞）を使って、過去について表現できる。

◯ sein の過去形と現在完了形を使い分けることができる。

◯ 動詞 werden を現在形、現在完了形で使うことができる。

◯ 比較級・最上級を使って、気候や好みの比較ができる。

---

1 動詞 sein の過去形の変化を完成させましょう。Ergänzen Sie „sein" im Präteritum.

ich	du	er, sie, es	wir	ihr	sie, Sie

2 助動詞 werden の現在形の変化を完成させましょう。Ergänzen Sie „werden" im Präsens.

ich	du	er, sie, es	wir	ihr	sie, Sie

3 挙げられた動詞を使って過去についての文章を完成させましょう。1）〜 5）は sein と共に作る現在完了形、6）と 7）は sein の過去形を用います。Ergänzen Sie die Verben im Perfekt mit „sein" und das Verb „sein" im Präteritum.

1) Am Wochenende ＿＿＿＿＿ wir nach Berlin ＿＿＿＿＿＿＿. (fahren)

2) Wann ＿＿＿＿＿ ihr gestern nach Hause ＿＿＿＿＿＿＿? (kommen)

3) Heute ＿＿＿＿＿ ich schon um 6 Uhr ＿＿＿＿＿＿. (aufstehen)

4) Meine Eltern ＿＿＿＿＿ früher gerne ins Konzert ＿＿＿＿＿＿. (gehen)

5) Am Dienstag ＿＿＿＿＿ es plötzlich warm ＿＿＿＿＿. (werden)

6) Wie ＿＿＿＿＿ deine Reise in die Schweiz? (sein)

7) Du ＿＿＿＿＿ am Samstag nicht auf der Gartenparty, oder? (sein)

4 下線部の語を、1）〜 3）は比較級、4）、5）は最上級に変えて、文を完成させましょう。
Ergänzen Sie die Adjektive im Komparativ oder Superlativ.

1）In München ist es im Sommer <u>warm</u>, aber in Freiburg ist es noch _____ .

2）In der Schweiz ist es im Winter <u>kalt</u>, aber in Russland ist es viel _____ .

3）Im Sommer regnet es <u>viel</u>, aber im April regnet es noch _____ .

4）Ich trinke <u>gerne</u> Kaffee, aber ich trinke _____ _____ Tee.

5）Wir sprechen <u>gut</u> Deutsch, aber Japanisch sprechen wir natürlich _____

_____ .

5 週末についてのメールを完成させましょう。土曜日は下記の情報をもとに、日曜日は自由に作
文してください。時制は適宜、現在完了形または haben, sein の過去形を用いること。
Schreiben Sie die E-Mail im Perfekt und die Verben „haben" und „sein" im Präteritum. Verwenden
Sie für den Samstag die Sätze unten und beschreiben Sie den Sonntag frei.

> Wie ist dein Wochenende? Ich habe viel Spaß.
> Am Samstag fahre ich nach München. Dort besuche ich meine Großeltern. Mein
> Cousin kommt auch am Nachmittag. Am Abend gehen wir auf das Oktoberfest.

Lieber Moritz,
wie geht es dir? Mir geht es gut.

_____? _____ .

Am Samstag _____ .

Dort _____ . Mein Cousin

_____ . _____

_____ .

Am Sonntag _____ .

Mittags _____ .

Am Nachmittag _____ .

Am Abend _____ .

Das Wochenende _____ wirklich schön.

Viele Grüße
Florian